Annunziata Hoensbroech

Schicksalsschlag

Das Buch

Jeden kann es treffen. »Von diesem Moment an war nichts mehr, wie es war«, schreibt Annunziata Hoensbroech. Wenn man als Angehöriger aus heiterem Himmel vom Schicksal getroffen wird, überkommt einen unwillkürlich das Gefühl, man sei jetzt im falschen Film: Gleich wird man aufwachen und alles ist wie immer. Aber es ist der richtige Film, das echte Leben, und da ist nichts berechenbar. Wie man das bewältigt, wie man Mut und Hoffnung bewahrt und wie man sich doch auf das Unerwartete vorbereiten kann, davon handelt dieses Buch einer couragierten Mutter, deren Sohn in einen schlimmen Unfall verwickelt wird und diesen nur knapp überlebt. Packend von der ersten bis zur letzten Seite.

Die Autorin

Annunziata Gräfin Hoensbroech wurde 1964 geboren. Sie studierte Germanistik, Geschichte und Politik in Freiburg und Köln, war Mitglied des Aufsichtsrats mehrerer Krankenhäuser und ist heute Vorsitzende einer der führenden deutschen Stiftungen für den Umweltbereich. Als ehrenamtliche Richterin hat sie sich auch juristische Kompetenz erworben und setzt sich unter anderem für Vorsorgevollmachten von jungen Erwachsenen ein. Sie hat vier erwachsene Kinder und lebt in Köln.

Annunziata Hoensbroech

Schicksalsschlag

Der Weg zurück
ist kein Spaziergang

HERDER

FREIBURG · BASEL · WIEN

MIX
Papier | Fördert gute Waldnutzung
FSC® C014496

Taschenbuchausgabe 2023

www.herder.de

Redaktion: Ekaterina Merten
Satz: Arnold & Domnick, Leipzig
Herstellung: GGP Media GmbH, Pößneck

Printed in Germany

ISBN Print 978-3-451-03442-8
ISBN E-Book 978-3-451-81685-7

Dieses Buch widme ich

meinen Kindern –
ihr seid das Geschenk meines Lebens

ihrem Vater, mit Dank für dieses Geschenk

meinen Geschwistern –
ihr seid echte Lebensbegleiter

und den besten aller Freundinnen

Inhalt

Vorwort

23 Grad, blauer Himmel, strahlender Sonnenschein: ein Ohne-Jacke-und-ohne-Sorgen-Tag. Ich habe eine herrliche Verabredung mit meiner Freundin Birgitt. Rund um eine schöne, alte Wasserburg nicht allzu weit weg von uns findet einmal im Jahr eine große, bunte Verkaufsausstellung in den Gärten und Scheunen des Anwesens statt. Man findet dort die schönsten Dinge, die man gar nicht gesucht hat oder gar braucht, sitzt in verschiedenen Lauben-Cafés, steht unter Bäumen an Weintheken, probiert hier Gemüsechips und dort Bio-Pralinen und lässt sich den ganzen Tag über treiben. Es ist nicht das erste Mal, dass Birgitt und ich dort gemeinsam hinfahren, und so wissen wir genau, was uns erwartet, und freuen uns darauf.

Daher ist gegen Mittag, während der ersten »Kaffeepause«, der Anruf meines ältesten Sohnes Caspar aus Barcelona eine eher unwillkommene Unterbrechung.

»Hey, Mami, ich wollte mich einmal melden und fragen, wie es dir geht.«

»Hey, mein lieber Caspar, jetzt ist es gerade ganz blöd zu telefonieren. Birgitt und ich sitzen bei einer Tasse Kaffee zusammen, kann ich dich später zurückrufen?«

»Eher nicht, ich gehe gleich mit Freunden zu einem ›Brunch Electronic‹ (Anmerkung: Ein Brunch Electronic ist ein spätes Frühstück mit Musik für alle, die mit dem Feiern nicht bis zum Abend warten wollen.)«, meint Caspar.

Die Aussicht, ihn dann nicht mehr zu erreichen, macht

mich mürbe, und ich nehme mir die Zeit, kurz mit ihm zu sprechen. Birgitt hat das schon vorausgesehen und ist daher nicht überrascht. »Ich beeile mich«, flüstere ich ihr zu und gehe ein paar Schritte auf die Seite. Sie lächelt verständnisvoll. Sie kennt mich.

Abends geht mir Caspar nicht aus dem Kopf. Er klingt hochzufrieden und treibt in einem Schwarm netter Freunde durch seinen letzten Sommer als Student in Barcelona. Hier zu Hause vor seinem Zimmer steht die große Kiste mit den frisch gedruckten Büchern, die er und sein Zwillingsbruder Jacob über ihre große Motorradreise 2015 geschrieben haben. Es ist die neue Fassung, ergänzt mit vielen Fotos. Ich nehme mir ein Buch abends mit ins Bett und lese, bis ich einschlafe.

Unfallbericht

Datum: 8.5.2016 Uhrzeit: 22:50 Streife: XX-503
Beamte: XXXXX 23XX4 Nr.: 201XXXXX534
Ort: GRAN VIA DE LES CORTS CATALANES 291

BEGINN DER AMTSHANDLUNGEN:
Auf Befehl der Kommandozentrale begab sich die Einsatzstreife nach Gran Via de les Corts Catalanes Nr. 291, wo ein Verkehrsunfall mit einem Verletzten vorgefallen war. Es handelte sich um einen Taxiunfall mit Personenschaden. Der Fußgänger wurde im Inneren der Ambulanz des ärztlichen Notfalldienstes (SEM) mit Kennzeichen YM-012 behandelt, der sich bereits am Unfallort befand, und dann sofort in das Krankenhaus »Hospital Clínico« gefahren.

BESCHREIBUNG DES UNFALLORTES:
Der Unfall ereignete sich auf der zentralen Fahrbahn der Gran Via de les Corts Catalanes, gegenüber der Nr. 291, im Abschnitt zwischen der Straße Carrer de Sant Roc und der Straße Carrer del Farell. Die genannte Fahrbahn verfügt über zwei Fahrtrichtungen, vom Besós nach Llobregat und umgekehrt, die von Fahrbahnlängsmarkierungen abgegrenzt werden. In jeder Fahrtrichtung befinden sich ihrerseits drei mittels Fahrbahnmarkierungsstreifen voneinander getrennte Fahrspuren. Die erste Fahrspur in jeder Richtung ist dem Bus- und Taxiverkehr vorbehalten. Am Unfallort gibt es einen mit einer Ampel geregelten Fußgängerüberweg.

BERICHT DER STREIFE:
An derselben Haltestelle stieg auch der später überfahrene Fußgänger zu.

Als diesem bewusst wurde, dass er in die falsche Richtung fuhr, drängte er die Busfahrerin, ihn aussteigen zu lassen, diese jedoch erklärte ihm, dass sie das bis zur nächsten Haltestelle nicht konnte.

Bei Ankunft an der Haltestelle an der Gran Via de les Corts Catalanes Nr. 291 öffnete die Fahrerin die Türen, und der genannte Fahrgast stürzte an der vorderen Bustür hinaus.

Sie beobachtete, dass der Fahrgast ohne jede Vorsichtsmaßnahme auf die zentrale Fahrbahn der besagten Straße in Richtung Berg/Meer lief, die Straße vor dem Bus querte und vom Taxi, das in Richtung Besós de Llobregat unterwegs war, erfasst wurde.

Wenn nichts mehr ist, wie es war

Der Anruf

Mitten in der Nacht klingelt mein Telefon. Ich bin zu schlaftrunken, um mich zu ärgern, und versuche zu vermeiden, dass sowohl das ganze Haus als auch ich völlig wach werden. Immer wieder vergesse ich, das Telefon abends auszuschalten. Ich suche das Handy, kriege es zu fassen und drücke den Anruf weg. Alles ist still. Niemand sonst ist wach geworden. Das warme Bett ist so gemütlich, und ich dämmere zurück in den Schlaf.

Es klingelt wieder. *Das gibt es doch nicht. Wer macht denn sowas?* Ich schaue diesmal die Nummer an, es scheint eine Nummer aus dem Ausland zu sein. Kein Name, niemand, den ich kenne und gespeichert habe. Ich merke, dass ich ärgerlich werde, aber ich will einfach nur weiterschlafen. Es ist schließlich erst halb sechs Uhr morgens! Wieder drücke ich den Anruf weg.

Das Telefon läutet abermals. Jetzt klingelt es Sturm. Nun bin ich wirklich wach und gehe leicht genervt dran. *So was Hartnäckiges, wie kann man nur so früh anrufen! Was kann es schon geben, das nicht zwei Stunden warten kann!* Das denke ich noch, als ich das Gespräch annehme.

»Bitte legen Sie nicht auf«, ruft jemand hastig in die Leitung, »sind Sie die Mutter von Caspar?«

Jetzt bin ich hellwach und sofort im Alarmmodus. »Ja, ich bin Caspars Mutter, was gibt es?«

»Mein Name ist auch Caspar, ich bin ein Freund Ihres Sohnes. Wir studieren gemeinsam an der ESADE. Ich bin in Barcelona im Krankenhaus. Caspar hat heute Nacht einen Unfall gehabt. Die Ärzte hier sagen, dass seine Eltern sofort kommen sollen …«

Ich sitze auf meinem Schreibtischstuhl, mit einem Stift in der Hand, und frage mich, ob ich alles richtig verstanden habe. Ich bitte diesen Caspar Zwo, mir noch mal langsam und ganz genau zu berichten, was er weiß.

Mein Caspar hatte in der Nacht wohl einen Autounfall. Er liegt im Krankenhaus. Die Ärzte geben keine Auskünfte, sondern bestehen darauf, dass die Eltern kommen. Caspar Zwo und ich verabreden eine Arbeitsteilung. Er bleibt im Krankenhaus und versucht, an Informationen zu kriegen, was ihm möglich ist. Ich komme hier mit allem Nötigen in die Gänge. Sobald sich die Lage dort oder hier verändert, rufen wir uns an.

Mir fällt auf, wie jung und nett diese Stimme ist – viel zu jung und zu nett für so eine Albtraum-Mission. Ich habe sofort den Eindruck, dass mein Caspar mit diesem Namensvetter einen wirklich guten Freund hat, und schreibe mir die Telefonnummer von Caspar Zwo auf.

Nach dem Gespräch bin ich sofort in einem unwirklich alltäglichen Montagmorgen, wenn auch recht früh. Alles ist eigentlich so wie immer. Alles, nur ich nicht. Ich sitze wie gelähmt auf meinem Stuhl und versuche, mir über die Situation klar zu werden. Ich fasse es nicht. Da fährt einer 22.000 km auf dem Motorrad, entlang des Schwarzen

Meeres, durch den Iran, Turkmenistan, Usbekistan, durch genau die Länder, von denen ihm immer abgeraten wurde, um dann im sicheren Barcelona einen Unfall zu haben. Ich bleibe noch eine kurze Weile bewusst sitzen. Horche in das stille Haus hinein, verabschiede mich innerlich, denn ich habe das Gefühl, es sind die letzten fünf Minuten Ruhe für lange Zeit, es sind die letzten fünf Minuten meines alten Lebens!

Ich springe auf, um mich sofort anzuziehen. Nein, ich setze mich gleich wieder, denn ich muss sofort Michael, Caspars Vater, anrufen. Als Erstes. Die Situation wiederholt sich. Ich wecke ihn durch meinen Anruf auf und reiße ihn, ohne es zu wollen, in diesen Albtraum mit hinein. In dieser schier endlosen Minute, während sein Telefon klingelt, kommt mir der Gedanke: *Solange er nicht an sein Telefon geht, verändert sich sein Leben nicht.* Natürlich geht Michael an das Telefon, und auch bei ihm ist ab jetzt nichts mehr so, wie es war.

Im Zimmer neben mir schläft meine Tochter Chiara. Ich wecke sie, erzähle kurz, was ich weiß, und bitte sie, so schnell es geht für ihren Vater und mich Flüge nach Barcelona zu buchen. Düsseldorf, Köln und Frankfurt kommen als Abflugort infrage.

Ich mache mir einen Kaffee und springe unter die Dusche. Ich spule das volle Programm ab. Duschen, Haare waschen, föhnen, Wimperntusche etc. ... und ahne es mehr, als dass ich es weiß, dass ich für eine lange Zeit von zu Hause weggehe.

Chiara findet nur unbrauchbare Flüge nach Barcelona, was nicht an ihr, sondern an den absonderlichen Flugzeiten liegt. Zu spät oder zu früh, nicht zu erreichen oder noch zu lange hin. Frankfurt funktioniert. Dort gibt es um 11 Uhr einen Flug, das kann ich schaffen. Mit dem Taxi zum

Bahnhof, in den ICE nach Frankfurt-Flughafen und von dort weiter mit dem Flugzeug nach Barcelona. Das ist der Plan.

Es ist 7 Uhr, in meinem Kopf rattern die Gedanken. Ich spreche kein Spanisch! Wie soll ich mich mit den Ärzten verständigen? Kenne ich irgendeine Seele in Barcelona?

Caspar Zwo ruft wieder an. Er ist gemeinsam mit einem weiteren guten Freund, Alex, im Krankenhaus. Beide werden so lange dortbleiben, bis ich vor Ort bin. Er hat noch keine weiteren Informationen darüber, was überhaupt passiert ist.

Immer wenn sich meine Gedanken drehen und mein Latein überschaubar wird, setzt dieser »Ruf Vile an«-Reflex ein. Ich bin mir nicht ganz sicher, ob ich jetzt übertreibe, aber ich weiß auch, dass sie sich mit mir freut, wenn am Ende alles nur halb so schlimm ist. Natürlich wecke ich auch sie mit meinem Anruf aus heiterem Himmel.

»Vile, Entschuldigung, es tut mir wirklich leid, dich zu wecken, aber ich brauche irgendjemand in Barcelona, der Deutsch und Spanisch spricht und dolmetschen kann. Caspar hatte einen Unfall und liegt im Krankenhaus, ich werde gleich dorthin fliegen. Vielleicht fällt dir und Ferdinand irgendjemand ein.«

Ich raffe einige Sachen zusammen und schmeiße alles in meinen Koffer. *Moment ... es ist Mitte Mai, und ich fliege nach Barcelona. Warum nehme ich lauter Jeans und Pullover mit?* Ich halte mich für geistesgegenwärtig und bin froh, dass mir das noch auffällt. Also raus mit den Pullovern; nun packe ich leichte Sommersachen, Ballerinas und T-Shirts ein.

Es ist 8 Uhr. Ich bin etwas nervös. Michael kommt nicht. Anscheinend steckt er im Stau auf dem Weg nach Köln fest. Um diese Zeit herrscht maximaler Berufsverkehr. Inzwischen hat Chiara sich dazu entschieden, ebenfalls mit nach Barcelona zu fliegen, wofür ich ihr sehr dankbar bin. Ein kleines Hindernis ist, dass ihr Reisepass gerade verlängert wird und der Personalausweis abgelaufen ist. Manche Dinge ändern sich nie. Sie wird es einfach darauf ankommen lassen.

Reise nach Barcelona

Es ist 8.15 Uhr – Michael steht noch im Stau, und das Ende ist nicht abzusehen. Ich muss los. Entweder wir verpassen alle den Flug oder nur Michael. Chiara und ich beschließen, dass ich den 11-Uhr-Flug in Frankfurt nehmen werde. Chiara wird auf ihren Vater warten, ich werde in Frankfurt ihre beiden Flüge auf die 13-Uhr-Maschine umbuchen. Das müssten sie dann schaffen.

Durch den quälend zähen Stadtverkehr fahre ich zum Bahnhof. Es ist 9 Uhr. Caspar Zwo ruft an. Aus einem Gespräch, das ein Arzt versehentlich mit Alex und ihm geführt hat, weiß er Neuigkeiten über Caspar. Ich stehe am Bahnsteig und springe in den Zug. Im Speisewagen finde ich einen Sitzplatz und schreibe eine Nachricht in meine Geschwister-Familien-Chatgruppe:

Ihr Lieben, Caspar hatte heute Nacht einen Unfall. Ein Auto hat ihn angefahren. Er ist nicht in Lebensgefahr, aber auch nicht bei Bewusstsein. Er hat einen Beinbruch, Rippenbrüche und ein Schädel-Hirn-Trauma. Ich bin auf dem Weg nach Frankfurt, nehme um 11 Uhr den Flug nach Barcelona und gehe dann gleich in die Klinik. Ich brauche ein paar Stoßgebete und bekämpfe mein Kopfkino. Es muss ja nicht immer gleich das Schlimmste passiert sein. Drückt alle die Daumen, bitte nicht anrufen, ich melde mich.

Der Zug hat Verspätung, das Flugzeug auch. Irgendwie hat es auch etwas Beruhigendes an sich, am Gate zu sitzen und zu warten. Ich kann einfach nichts machen. Eine erzwungene Ruhepause, der ich mich dankbar hingebe. Die einzige Aktivität, der ich nachgehe, ist das Ausschalten meines Kopfkinos. Ich zügle meine Gedanken, wehre mich gegen Bilder, die ungefragt kommen. In Barcelona werde ich sehen, was mich erwartet, hier vor dem Flugsteig denke ich nicht daran. Wie ich erst später erfahre, verbreitete sich in der Nacht eine Nachricht auf Facebook, in der nach der Telefonnummer von Caspars Eltern gefragt wurde. Die Facebook-Welle rollt.

Vile ruft zurück und vermittelt mir den Kontakt zu einem Mann, Raimund, Sohn der Freundin einer gemeinsamen Freundin, der wohl schon lange in Barcelona lebt und nicht nur Spanisch, sondern auch Katalanisch sprechen kann. Natürlich, in Barcelona sprechen die Leute Catalan! Daran habe ich überhaupt nicht gedacht, und es macht meine Situation auch nicht besser. Er wartet ab 15 Uhr im Krankenhaus auf mich. Lieber Gott, vielen Dank! Beinah habe ich ihm gegenüber schon jetzt ein schlechtes Gewissen. Eine andere Freundin hat für mich einen Transfer vom Flughafen direkt in das Krankenhaus »Hospital Clinìc« in der Innenstadt Barcelonas organisiert. Ich muss nur auf eine Frau achten, die ein Schild mit meinem Namen in der Hand hält.

Es geht los. Das Flugzeug startet eine halbe Stunde später als geplant. Der Pilot kann unsere Verspätung nicht wieder aufholen. Ich mache mir Sorgen, ob Raimund so viel Zeit hat, dass er auf mich warten kann. Irgendwie steht es mir ins Gesicht geschrieben, wo meine Gedanken sind, und ein Flugbegleiter spricht mich an. Er fragt, wie es mir geht und ob ich etwas bräuchte. Ich versuche, ihm meine Situation zu schildern. Er überlegt nicht lange und nimmt mich mit nach vorne in die Businessclass, gleich in die erste Reihe. »Hier müssen Sie nicht warten und kommen am schnellsten aus dem Flieger raus.« Ich bin so gerührt und freue mich sehr über diese brauchbare, spontane Hilfe. Beim Verlassen des Flugzeuges drückt er mir einen Spielplan der Fußball-EM in die Hand und meint, dass er im Moment nichts anderes für Caspar habe. »Sie werden sich freuen, wenn Ihr Sohn den Plan lesen kann, und ich werde für Sie beten.«

Ich haste durch den Flughafen und finde eine sympathische ältere Dame, die ein Pappschild mit meinem Namen hochhält. Wieder setze ich in Gedanken einen grünen Haken auf meine To-do-Liste. Wir radebrechen englisch miteinander, und ich folge ihr. Sie kennt den Weg. Wir bezahlen den Parkschein und gehen durch ein gigantisches Parkhaus zu ihrem Wagen. Da bleibt meine Begleiterin stehen, lächelt etwas verlegen und meint, dass sie vergessen habe, wo sie ihr Auto abgestellt hatte.

Ich möchte mich am liebsten sofort verabschieden und in ein Taxi springen, höre mich aber sagen, dass es sicher sinnvoll wäre, wenn wir beide das Parkdeck von den jeweils gegenüberliegenden Seiten her systematisch absuchen. Oder war es eventuell auch ein anderes Parkdeck …?

15 Uhr. Wir stehen im Stau in die Stadt hinein. Die ganze Welt scheint nur noch aus Staus und Berufsverkehr zu bestehen. Ich entschuldige mich und muss telefonieren. Caspar Zwo und Alex sitzen seit zwölf Stunden im Krankenhaus und warten auf mich. Auch Raimund wird da sein. Ich frage mich, wie ich sie denn alle erkennen soll, bin mir aber

sicher, dass dies das kleinste Problem sein wird. Ich muss nur den richtigen Eingang erwischen.

Ich verabrede mit meiner netten Fahrerin, dass sie mich nur am Krankenhaus absetzen soll und nicht weiter zu warten braucht. Natürlich macht sie das nicht, sie wartet, bis ich noch mal zu ihr zurücklaufe und ihr sage, dass ich Raimund und die Jungs gefunden habe. Sie ist besonders liebenswürdig und nett – eine echte Dame.

15.30 Uhr. Raimund, Caspar, Alex und ich erkennen uns sofort. Die Jungs stehen am oberen Ende der Eingangstreppe, müde und blass. Seit 5 Uhr früh halten sie es hier aus, in Caspars Nähe, ohne Genaueres zu wissen, ohne dass jemand mit ihnen spricht, nur um Caspar nicht allein zu lassen. Ich finde sie beide großartig.

Etwas abseits steht Raimund. Er ist wohl so alt wie ich, und seine grauen, wirren Haare geben ihm etwas Professorales. Wir begrüßen uns und haben sofort einen Draht zueinander. Er weiß, wo Caspar liegt, und wir gehen und versuchen, Klarheit zu gewinnen.

»Tercera planta«

16 Uhr. »Tercera planta« – der metallene Tonfall der Aufzugansage des dritten Stockwerks geht mir schon, als ich ihn das erste Mal höre, nicht mehr aus dem Kopf. Wir verlassen den Aufzug. Caspar Zwo und Alex ziehen sich zurück auf die Bank, auf der sie seit heute früh ausharren. Raimund und ich klingeln an einer Schiebetüre aus Milchglas, und mir wird erschreckend klar, dass es sich bei dieser Station um die Intensivstation handelt.

Ohne Weiteres werden wir hineingelassen und in ein winzig kleines Büro gesetzt. Ich bin enorm dankbar für Raimunds Begleitung, denn schon jetzt ist klar: Mit Englisch komme ich hier nicht viel weiter.

Raimund und ich sitzen einer Ärztin gegenüber, die mit ihren balkenartig melierten grau-schwarzen Haaren eine verblüffende Ähnlichkeit mit Cruella de Vil besitzt. Sie redet und redet ohne Pause und vergisst, dass Raimund eigentlich übersetzen soll. Ich verstehe gar nichts und bitte darum, ob wir nicht doch versuchen könnten, Englisch miteinander zu reden. Ich bitte um Stift und Papier, reiße meine Konzentration zusammen und weiß, dass ich jetzt nichts überhören darf. Wie eine Einkaufsliste schreibe ich mit, was sie von ihrem Blatt abliest:

ein Oberarmbruch rechts,
ein Oberschenkelbruch links,
Rippenbrüche,

»Wie viele Rippenbrüche?«, frage ich. – »Alle acht Rippen auf der rechten Seite.« Ich versuche, mich zu konzentrieren, habe den Eindruck, hier etwas geliefert zu bekommen, das ich nicht haben will, und höre in Gedanken die Lieferantin fragen: ... Darf's noch etwas mehr sein ...

»... und eine Rippe auf der linken Seite«, ergänzt die Ärztin. Ich höre und schreibe und bin doch wie versteinert. Nein, ich *bin* ein Stein, und meine versteinerte Hand kratzt weiter auf dem Papier:

Schädelbruch,
Jochbein- und Kieferbruch,
ein Bruch im Bereich der Halswirbelsäule,
Beckenbruch,

Der Stein fängt beinahe an zu weinen, Tränen kämpfen sich in die Augen. Noch bricht der Damm nicht. Ich ringe um meine Fassung. *Nein, jetzt nicht weinen, sonst kann ich nicht mehr schreiben.* Die Fassade hält. Eine unabhängige Instanz in mir drückt auf den »Funktionieren-Knopf« – und ich funktioniere und führe die Liste fort:

Sprunggelenk des rechten Fußes gebrochen,
linker Lungenflügel zusammengefallen,
Caspar atmet nicht selbstständig.
Schwerstes Schädel-Hirn-Trauma.

Raimund hält meine Hand und legt seinen Arm um mich. »Aber er ist nicht in akuter Lebensgefahr?«, frage ich naiv. Ich habe keine Ahnung von Medizin. Keiner der Ärzte will antworten. Ich ringe mich zu einem »Wird er den Unfall überleben?« durch. Keine Antwort. Schließlich sagt die Ärztin, dass jede Stunde, die vergeht, Caspar auf die sichere Seite bringt. Wenn er die nächsten 48 Stunden übersteht, ist viel gewonnen.

Ich weiß nicht, wo ich meine Blicke lassen soll. Ich will auch nicht mehr zuhören, ich will nur raus aus diesem scheißkleinen Büro! Zuletzt bitte ich um einen schriftlichen ärztlichen Bericht, denn ich weiß, dass ich alle ärztlichen Befunde irgendwie sofort nach Deutschland weiterleiten muss. Und ich weiß auch, an wen. Mein Bruder hat einen Freund, der Neurologe ist und viel Erfahrung besitzt mit Jugendlichen, die ein Schädel-Hirn-Traum erlitten haben. Ich rufe Philipp an und hoffe inständig, dass er mich hört. Er hört mich und hebt ab.

»Philipp, du musst mir zuhören, bitte, es ist sehr ernst.«

»Ich weiß es schon. Ich bin heute um 22 Uhr in Barcelona bei dir. Maresi kommt mit, und auch Jacob und Titus sind dabei. Ruf du Dr. Sieger an. Ich schicke dir seine Telefonnummer. Du kannst dir alle Befunde in Spanisch geben lassen. Dr. Sieger hat einen spanischen Arzt als Mitarbeiter, der wird die Befunde übersetzen. Gib ihm alles, was du hast.«

Ich habe nichts, außer einer Horror-Liste.

Ich frage mich, was mein Bruder weiß, was ihn veranlasst, hierherzukommen. Meine älteste Schwester begleitet ihn, und sie haben Jacob und Titus, Caspars Brüder, bei sich. Sie kommen im Bewusstsein, dass Caspar einen Genickbruch erlitten hat und sein Sterben wahrscheinlicher als sein Überleben ist. Mich hat diese Nachricht nicht erreicht. Sie haben sie mir wohlweislich erspart. Hier lassen die Ärzte die Fakten für sich sprechen, aber ich merke: Alle ziehen das Schlimmste in Betracht.

Familientreffen in Barcelona

Caspar liegt in einem gläsernen Raum, vollkommen bedeckt von einem weißen Laken. Die linke Gesichtshälfte ist unter einem Mullverband verschwunden. Er wird beatmet und wirkt fremd.

Hinter ihm, am Kopfende des Bettes, sind in einem Halbkreis Dutzende Maschinen und Monitore aufgebaut. Dieses Bild, dieser Mensch und diese Situation erscheinen so unwirklich, dass ich beinahe glaube, diese Szene auf einer 3-D-Leinwand von meinem Kinosessel aus zu betrachten.

Ich taste mich langsam – beinahe ehrfürchtig – zu seinem Bett vor. Caspar liegt ruhig da, seine Haut ist leicht gebräunt. Ich berühre seine Schulter, seine rechte Wange, versuche, ihm einen Kuss zu geben, und nehme seinen typischen Geruch wahr. In diesen Geruch, der Caspar so präsent macht, tauche ich ein und habe sofort eine Verbindung zu ihm. Jetzt ist es real und ich bin angekommen. Er ist mir vollkommen vertraut, und es gibt keinerlei Berührungsängste. Von einem Moment zum nächsten ist er wieder mein Kind, mit dem ich alles aushalten werde. Die Aufgabe ist klar. Ich werde hier nichts weiter tun, als auf die nächste Stunde zu warten. Darin liegt alle Zukunft. Es gilt nur, die jeweils nächste Stunde zu erreichen. Ich werde mit Caspar von Stunde zu Stunde gehen, bis er auf der sicheren Seite ist.

Mir fällt ein Nachmittag in den Bergen ein: Caspar war fünf oder sechs Jahre alt. Michael und ich liefen mit ihm und Jacob Ski. Nebel zog binnen Minuten auf, als wir noch nicht einmal die Mitte der Talabfahrt erreicht hatten. Wir waren umgeben von einer weißen Wand. Kein Baum, keine Hütte bot dem Blick Halt. Der Nebel raubte uns zur Gänze die Orientierung. Es wehte und stürmte so sehr, dass Michael und ich es für das Beste hielten, uns zu trennen, damit jeder mit einem Kind die Abfahrt machen konnte. Ich erinnere mich, wie ich vorneweg fuhr und Caspar nur Zentimeter hinter mir in meiner Spur folgte. *Caspar, du musst nur dicht bei mir bleiben. Ich lotse dich hier raus. Ich geh voraus, du musst nur bei mir bleiben!*

18 Uhr. Michael und Chiara treffen ein. Ich mache mir Sorgen. Ich weiß, in welche Situation sie gerade hineinlaufen, und versuche, sie etwas vorzubereiten. Ich bin froh, dass sie nun da sind, denn ich glaube, Caspar braucht jetzt seine ganze Familie um sich. Raimund lässt uns allein, um ein Quartier für eine sich nähernde Familienhorde zu organisieren. Unsere Taschen und Koffer stapeln sich vor

Caspars Zimmer. Maresi und Philipp, Jacob und Titus haben sich in München getroffen und warten auf den Abflug. Caspar Zwo und Alex sitzen immer noch vor der Intensivstation auf der Bank, mittlerweile seit fast vierzehn Stunden. Ich setze mich zu ihnen und erzähle, was ich weiß. Sie sind beide tief getroffen. Ich merke, es sind wirklich enge Freundschaften, die da, in einer verhältnismäßig kurzen Zeit, gewachsen sind. Für Alex ist es besonders schlimm: Mein Caspar war auf dem Weg zu einem Treffen mit ihm, als der Unfall passierte.

Meine Besuchszeit ist vorbei. Es ist 9 Uhr abends, und ich muss die Intensivstation verlassen. Von irgendwoher kommt die Nachricht, dass Philipp ein Hotel für uns alle gebucht hat, die erste Nacht ist geregelt. Der Trupp aus München kommt so spät, dass sie heute nicht mehr zu Caspar dürfen. Sie sind sichtlich niedergeschlagen, aber es ist nicht zu ändern. Wir treffen uns gegen 22 Uhr in einem der kleinen Restaurants, von denen es in der direkten Umgebung des Krankenhauses nur so wimmelt. Es wird ein Abendessen, auf das keiner Lust hat. Ich merke, wie verrückt es sich für uns alle anfühlt, hier gemeinsam zu sitzen. Heute Morgen hätte keiner von uns damit gerechnet. Ich bin erleichtert, Jacob und Titus hier zu haben. Philipp und Maresi sind wie ein Fels in der Brandung, ein Bollwerk gegen alles, was da auf uns einstürzen mag. Lustlos machen wir uns auf, um die Hotelzimmer zu beziehen. Ein kurzer Gang durch die Nacht tut allen gut.

Ich habe mein Telefon dicht bei mir. Es ist geladen und hat Netzempfang. Ich muss es hören. Überall auf der Station habe ich Michaels und meine Telefonnummer hinterlassen. Das Hotel liegt in Laufweite des Krankenhauses. Wir sind jederzeit sofort dort, ich darf nur nicht den Anruf verpassen.

Ich finde es beängstigend, wie rücksichtslos und chaotisch der Verkehr hier über die Straßen donnert. Vespas und Rollerschwärme sirren wie aggressive Insekten an uns vorbei. Autos hupen die Menschen von den Fußgängerüberwegen.

Spätabends liege ich im Bett. Ich bin müde, kann aber nicht einschlafen. Ich merke, dass mein Mantra nicht mehr funktioniert. Es ist meine Angewohnheit, gerade wenn das Leben turbulent ist, mir vor dem Einschlafen zu vergegenwärtigen, dass alles Essenzielle gut ist. »Wir haben alle ein Dach über dem Kopf, wir sind gesund, die Kinder sind gesund, und der Kühlschrank ist voll. Alles andere ist nicht so schlimm ...« Dieser Gedanke leitet mich zuverlässig zu einer großen Dankbarkeit. Mit diesem Gedanken fasse ich jedes Mal aufs Neue tiefes Vertrauen, und er schenkt mir die Zuversicht, den nächsten Tag zu meistern.

Jetzt liege ich im Bett und habe Angst.

»Heb-mich-zieh-Dich« – das Zwillingsprinzip

Casparjacob« – ist das einer, oder sind das zwei? Gerne spart sich ihre Umgebung schon einmal das klärende »und«, weil es sich so schneller rufen lässt, weil man glaubt, die Katastrophe doch noch in der allerletzten Sekunde verhindern zu können. Rumms ... da liegt die Deckenlampe schon im Kinderzimmer auf dem Boden, und bevor ich etwas sagen kann, stürzt sich ein fünf Jahre alter Junge auf mich und ruft in höchster Erregung: »Ich heiße Jacob ... und ich war es nicht!« Caspar und Jacob, blonde Zwillingsbuben, blitzschnell, wortkarg, ein Blick, ein Gedanke. Handelnder und Zeuge in einer Person.

»Casparjacob« – zwei Piraten, ein Gedanke. Karneval 1995

Als »Sorgeberechtigte« dieser unmittelbaren Naturgewalt bleibt mir nichts anderes übrig, als den jeweils aktuellen Schaden zu begrenzen und fest daran zu glauben, dass sich meine Zwillinge eine wunderbare Zukunft erobern werden. Erobern ist das richtige Wort. Warum in ein Haus hineingehen, wenn man es auch erstürmen kann, wieso in die Zukunft gehen, wenn es viel mehr Spaß macht, sie sich zu erringen? Haben Zäune, Bäume oder Hochsitze noch einen anderen Sinn als den, darüberzuklettern oder untendurch zu kriechen?

»Ihre Jungs sitzen auf dem Baum und wollen nicht wieder herunterkommen« ist einige Jahre der tägliche Hilferuf des Kindergartens an mich gewesen. Caspar hebt Jacob hoch, bis er den Ast zu fassen kriegt und sich auf den Baum hangeln kann. Dann zieht Jacob Caspar auf den Baum hinauf. Das ist das »Heb-mich-zieh-Dich«-Prinzip, und es funktioniert immer!

Hole ich die beiden mittags vom Kindergarten ab, erklären sie mir konspirativ flüsternd draußen auf dem Flur das

Geheimnis ihres glücklichen Vormittags. Es ist das Lego-Auto. Sie haben es selbst gebaut, eine rechteckige Platte mit vier Rädern und einer zwei Vierersteine hohen Umrandung. »Mami, drinnen in der Gruppe sagen wir, es ist eine Apfelkiste auf Rädern. Aber in echt, Mami, ist es ein Panzer!« Friedenserziehung liegt eindeutig im Auge des Betrachters!

Doch schon lange vor dem gemeinsamen Bäumeerklimmen haben die Jungs das »Heb-mich-zieh-Dich«-Prinzip entdeckt. So kommt man im Schlafsack aus dem Gitterbett heraus, oder man kann erforschen, auf welchem Schrank die Weihnachtsgeschenke versteckt liegen könnten. Den Schalk im Nacken, das Blitzen in den Augen, sind sie beherzte, liebenswerte, schrecklich einfallsreiche Buben, die gemeinsam jeden Tag ihrer Kindheit in ein Abenteuer verwandeln. Aufgewachsen auf einem landwirtschaftlichen Hof, wissen sie alle Möglichkeiten, die sich ihnen bieten, zu nutzen. Der beste Freund ist Emmi, die Labradormischlingsdame. Dort, wo sie ist, sind die Zwillinge nicht weit. Sitzt sie unter einem Baum, sitzen die Buben oben in der Krone. Emmi ist ein verräterischer Freund. Ich rufe sie, der Hund bellt, ich weiß, wo die Kinder sind. Sie verwandeln nicht nur ihre Tage in ein großes Abenteuer, sondern meine gleich mit. Ich lerne, als ihre Mutter, jeden Tag, mich auf das Wesentliche zu beschränken und daraus dann noch die Essenz zu filtern. Und wenn ich es dann schaffe, diese Essenz umzusetzen, denke ich, dass es ein guter Tag gewesen ist. In den allermeisten Fällen heißt die Essenz, sich zu vertrauen. Wen man nicht kontrollieren kann, dem muss man vertrauen lernen!

»Zwillinge müssen die Möglichkeit haben, sich individuell zu entwickeln!« Diesen Satz habe ich wer weiß wie oft von Kinderärzten, Eltern, Freunden und vielen Küchenpsychologen gehört. Viele Monate trugen die Babys ihre blauen Armbänder aus der Klinik mit ihrem Namen darauf. Unsere größte Sorge war es, sie zu verwechseln. Jacob soll einmal als Jacob sein Leben verbringen und nicht als Caspar. Das Gleiche gilt für Caspar. Auch er soll bis an sein Lebensende er selbst und nicht sein Bruder sein.

Das ist die elterliche Meinung. Und wie sehen es die Zwillinge?

Hand in Hand verschwinden sie durch das Tor des Schulhofs, drehen sich um und lächeln, zeigen auf den Pullover, den sie tragen, auf dem ihre Namen geschrieben stehen, als kleine Unterstützung für ihre Lehrer. Sie lachen mich an, und ich sehe, dass Jacob stolz den Namen Caspar auf seiner Brust trägt und umgekehrt. Ich habe ihnen die Pullover so nicht angezogen! Sie spielen mit ihren Identitäten. Sie werden Leo und Volker, die Traktorfahrer, oder Bines und Danes, zwei Bienen auf der Flucht vor dem Regen.

Die erste Turnstunde in der ersten Woche der ersten Klasse. Die Schule meldet sich. Caspar hat eine Platzwunde am Kinn und wird gerade zum Arzt gebracht. Ich finde Jacob mit Tränen in den Augen still und allein in der Turnhalle sitzend. Niemand hat sich um ihn gekümmert, als Caspar in großer Aufregung in einem Krankenwagen verschwand. Einsamer kann ein Kind nicht aussehen, dachte ich mir damals.

Jacob und Caspar gehen in einer Art Gleichschritt durch ihr Leben. Nicht weil sie es so aufgedrängt bekommen, sondern weil das »Heb-mich-zieh-Dich«-Prinzip so wunderbar auch außerhalb des Kindergartens funktioniert. Zusammen kommen sie weiter. Zusammen sind sie mehr als doppelt so stark, allein jedoch – fürchten sie – weniger als die Hälfte. Das ist gar nicht mal reflektiert oder eine bewusste

Entscheidung. Für einen, der sich schon während der ersten neun Monate seinen Lebensraum teilen muss, ist die Gemeinsamkeit die fundamentalste Erfahrung seines Lebens. Sie teilen die Wiege, dieselben Schulen, teilweise dieselbe Klasse, dasselbe Internat. Die Erinnerung verwischt und geht eher zu einem großen »Wir« zurück als zu einem einzelnen »Ich«, hat mir Jacob einmal gesagt. Es ist nicht auszumachen, wer die Idee hat und wer mitmacht, wer die treibende Kraft ist und wer der Mitläufer. Und wenn Caspar und Jacob es schon nicht sagen können, dann kann es ihr Umfeld erst recht nicht differenzieren. Sie sind sich nicht immer einig, aber sie stimmen darin völlig überein, dass diese Strafe unbegründet und jenes Verbot ungerecht ist. Und wenn einer sagt: »Mami ist ganz blöd«, dann sagt der andere: »Du hast recht, Mami ist ganz blöd.« Und schon setzt das Mehrheitsprinzip alle pädagogischen Ansätze außer Kraft. Ich weiß, die Mehrheitsmeinung muss nicht richtig sein. Das gilt für viele Lebenslagen.

Mit fünfzehn machen sie sich auf in ein englisches Internat. Es ist ihr großer Wunsch. Nach einem Jahr entscheiden sie sich gemeinsam dafür, im internationalen Schulsystem zu bleiben, und lehnen jedes Angebot, nach Hause zurückzukommen, zum Kummer ihrer Eltern dankend ab. Um das IB, die Europäische Abiturprüfung, ablegen zu können, ist dort nach zwei Jahren ein Internatswechsel nötig. Sie bewerben sich selbstständig und fahren mit dem Linienbus in Blazer und schlecht gebundener Krawatte vor der neuen Schule – ohne Eltern – vor. Der Auftritt ist so durchschlagend, dass sie die Internatsplätze und ein Stipendium bekommen. Sie gehen in einer Horde gleichaltriger Jungs auf, lernen, ihr Zuhause zu schätzen und dass es sich lohnt, sich einzusetzen.

Caspar und Jacob verstehen es meisterlich, ihre Zwillingsstrategie auch über die Schule hinaus zu verfolgen. Sie sind beide zu einer Größe von knapp 1,90 Meter aufgeschossen, lange drahtige junge Männer mit dichten dunklen Locken, von denen die Bundeswehr nicht viel übrig lässt. Beide leisten ihren Wehrdienst am selben Bundeswehrstandort, in derselben Einheit ab. Sie sind bei den Gebirgsjägern in Bad Reichenhall stationiert. Es locken sie Skitouren im Winter und Wanderungen im Sommer. Erst danach kommt die Zäsur. Die Universitäten zwingen sie, sich an verschiedenen Orten niederzulassen, Maastricht und St. Gallen. Jeweils wird der eine an der Universität abgelehnt, an der der andere angenommen wird. Die Studienfächer sind ähnlich. Von jetzt an gibt es eine Skype-Standleitung zwischen ihnen. Caspar und Jacob werden die virtuellen Mitbewohner der jeweiligen anderen WG. Über die gesamte Studienzeit ist das so, egal wie weit diese Wohnungen auseinanderliegen, und seien es Kontinente. Immer bleibt der Bezug zueinander sehr eng. Auch zwischen Kanada und Buenos Aires gibt es Flüge, und manches Mal ist es wichtiger, den Bruder zu sehen als die Eltern. Jeder an seinem Ort ist in der Lage, gut Fuß zu fassen. Sie bauen sich einzelne Freundeskreise auf, um sie dann erfolgreich miteinander zu verschmelzen. Es ist immer ein willkommener Einstieg in ein Gespräch, von wildfremden Menschen freudig umarmt zu werden, die der Überzeugung sind, gerade den anderen Zwilling vor sich zu haben. Sie feiern gemeinsam auf dem Oktoberfest, teilen ihre Freunde, ihre Leidenschaft für das Skifahren und ihre Reiselust, ihre Praktikumsstellen und ihre Zukunftspläne.

2015 haben beide ihre Universitätslaufbahn hinter sich gebracht. Jacob mit dem Master eine Nasenlänge vor Caspar, der mit seinem Bachelorexamen in den Sommer geht.

Sie sind 25 Jahre alt, höchste Zeit also für ein neues Abenteuer. Es ist auch die letzte Möglichkeit, denn Jacob wird im Herbst anfangen zu arbeiten, während Caspar in Barcelona einen Masterstudienplatz für Finance an der ESADE bekommen hat. Aber wer denkt an den Herbst, wenn der Sommer mit dem vorerst letzten Zwillingsabenteuer lockt. Zu diesem Zweck kaufen sie sich zwei gebrauchte Motorräder. Caspar und Jacob starten einen Tag nach der bestandenen Motorradführerscheinprüfung zu einer Reise, die sie in drei Monaten über 22.000 Kilometer weit durch 20 Länder führen wird. Sie durchqueren Osteuropa, umfahren nahezu das Schwarze Meer, landen im Iran, finden über Zentralasien den Einstieg nach Russland und kehren über das Baltikum und Polen wieder zurück nach Hause. Aus Spaß und um ihre Begeisterung mit allen zu teilen, die diese Reise für völlig schwachsinnig halten (darunter anfänglich auch ihre Eltern), schreiben sie einen Reiseblog. Sie berichten über ihre Eindrücke und Erlebnisse. Sehr bald klingelt zu Hause das Telefon, und ich erfahre von vielen Menschen, die jeden Morgen zum Frühstück gespannt auf die neuen Berichte der »two weary travelers« warten. Über die drei Monate wächst beständig die Zahl derer, die in Gedanken mit ihnen reisen und die sich auf die Fortsetzung der Geschichte, neue Orte und spannende Begegnungen der beiden freuen. Später fassen Jacob und Caspar ihre Bilder und Texte in einem Buch zusammen: »Two weary travelers« – zwei müde Reisende.

Die Entdeckung der Leere

Müde Reisende – das sind wir auch. Schlafen ist etwas anderes. Ich will um sechs Uhr aufstehen, bin aber schon weit früher wach. Mein Telefon hat nicht geklingelt. Von 7 Uhr bis 8 Uhr ist die erste Besuchszeit bei Caspar. Wir gehen alle gemeinsam in das Krankenhaus. Es ist so früh für Barcelona, dass selbst die Kaffeebars noch geschlossen haben.

»Tercera planta« klirrt die Aufzugstimme. Ein kleines Grüppchen Menschen wartet vor den geschlossenen Türen der Intensivstation. Zum ersten Mal nehme ich die hellen, freundlichen, weiten Flure des Krankenhauses wahr. Große Sprossenfenster mit weißen Gartenbänken in den Fensternischen lassen das Gebäude wie eine Filmkulisse wirken. Zwei Ficus-Bäumchen jeweils links und rechts neben den Bänken vermitteln eher den Eindruck eines Laubengangs als den eines Krankenhausflurs.

Natürlich dürfen wir nicht alle zusammen zu Caspar gehen. Wir wechseln uns ab. Jeder geht zu ihm, wie er es kann und möchte. Ich stehe lange an seinem Bett und bin völlig leer. Die Leere ist so allumfassend, dass wirklich nichts daneben Platz hat. Ich möchte gerne beten, aber ich kann es nicht. Schnell sind die Gebete gesprochen, die mit »Lieber Gott, bitte mach …« oder »… bitte lass doch …« beginnen. Seltener die, die mit »vielen Dank für …« anfangen. Keines trifft hier zu. Ich weiß nicht, worum ich bitten soll. Bitte lass ihn leben? Bitte lass ihn sterben? Kann eine Mutter überhaupt um den Tod ihres Kindes bitten? Ich weiß nicht, wie ich beten soll. Was, wenn mein Gebet erhört werden würde? Wäre ich damit nicht unmittelbar verantwortlich für das, was geschieht?

Die Schwestern und Pfleger der UCI sind sehr entgegenkommend. »Wir sind nicht nur für Caspar da, sondern wir kümmern uns auch gerne um Sie«, vermitteln sie auf Spanisch, Englisch, Französisch und Deutsch, mit Händen und Füßen, und tatsächlich werde ich mehr als einmal von ihnen in den Arm genommen. Sie fragen, ob wir genug schlafen oder ob wir etwas zur Beruhigung brauchen. Sie vermitteln Professionalität und echte Anteilnahme. Alle bestätigen uns, dass die Nacht »ruhig« war. Sie finden nicht das richtige Wort, und wir übersetzen es uns mit »fragil-stabil«. Caspar ist acht Stunden weiter. Acht Stunden weiter in Richtung Sicherheit.

Ich finde ihn unverändert unter dem weißen Laken liegend und bemerke nur, wie kühl er ist. Auf die Frage nach einer wärmeren Decke wird mir erklärt, dass Caspars Körpertemperatur extra abgekühlt wurde, um Schwellungen vorzubeugen. Ich entdecke unter seinen dichten braunen Locken eine Hirnsonde und verstehe, dass der Hirndruck auf keinen Fall steigen darf.

Michael macht Fotos der Apparate und Monitore und schickt sie befreundeten Ärzten in Deutschland zu, mit der Bitte, uns erst einmal zu erklären, was man darauf sehen kann. Die fachliche Begeisterung über die Maschinen und Apparate, die wir in Deutschland damit auslösen, zeigt uns, dass das Krankenhaus hier exzellent ausgestattet ist. Aber auch ohne dieses faktische Wissen im Hinterkopf habe ich den festen Eindruck, dass Caspar großes Glück hatte, gerade hier zu landen. Ich habe das Gefühl, dass er hier wirklich gut aufgehoben ist.

Gegen 8.30 Uhr werden wir gebeten, uns langsam zu verabschieden. Draußen vor der Klinik haben wir nun mehr Glück auf der Suche nach einem Frühstück.

Einzug ins Basislager

Die Straße weiter runter, geradeaus an der Ecke, finden wir das Café Salzburg. Es hört sich für uns alle so vertraut an, dass wir dort einfallen, um mehrere Liter Kaffee und frischen Orangensaft zu kaufen sowie köstlich aussehende belegte Brötchen. Doch welche Enttäuschung. Von innen ist das Café mensaartig groß und ungemütlich. Die Brötchen schmecken scheußlich, die Bedienung ist unfreundlich. Wir sind uns einig, dass das ein netter Versuch war, wir dieses Erlebnis aber nicht noch einmal haben müssen.

Raimund kommt vorbei und hat die Reservierung eines Apartmenthotels für uns. Direkt gegenüber dem Krankenhaus gelegen, hat er eine Wohnung reserviert, in die fünf Personen hineinpassen.

Auf unsere Rückfrage hin gibt es auch noch ein zweites freies Apartment, das wir sofort für uns reservieren. Eines liegt zur Straßenseite hinaus, eines zum Hinterhof. Sie verfügen jeweils über zwei Schlafzimmer mit Doppelbett, zwei Bäder und eine Wohn-Ess-Küche. Für uns ist es perfekt.

Nach dem Frühstück ziehen wir mit Sack und Pack um. Raus aus dem Hotel, rein in die Apartments. Aber nicht alle gleichzeitig. Es ist schon wieder nah an der Besuchszeit für Caspar. Wir teilen uns auf. Die einen gehen zu Caspar, die anderen machen den Umzug.

Da sitzen wir nun, Michael und ich, seit 15 Jahren getrennt, seit 7 Jahren geschieden, unfreiwillig zusammengepfercht in dieser Stadt, in diesem Apartment, in dieser Enge. Es gibt keinen Quadratmeter Rückzugsfläche für uns, an Privatsphäre ist nicht zu denken. Jeder von uns beiden fürchtet um das Leben seines Kindes, zusammen hoffen wir auf ein Wunder. Und trotzdem sind diese Wohnungen, durch ihre unmittelbare Nähe zur Klinik, als »Basislager« bestens geeignet. Michael und Jacob, Chiara und ich in den Schlafzimmern, Titus auf der Wohnzimmer-Couch, so werden wir uns aufteilen.

Es ist später Vormittag und wir sind hundemüde und völlig erschöpft. Jeder, der kann, versucht zu schlafen, denn um 13 Uhr beginnt die nächste Besuchszeit. Alles ist und bleibt ruhig. Zu unserer Erleichterung gibt es kein Fieber, keine sich abzeichnende Lungenentzündung. Der Hirndruck ist stabil. Caspar, der weiter künstlich beatmet wird, liegt mit zwei massiven, nicht gerichteten Brüchen wie schlafend da.

Michael ist in die Betrachtung seines ältesten Sohnes versunken, Tränen stehen in seinen Augen. Ich sehe ihm die Schmerzen an, die er leidet, und verstehe, dass er in diesem Moment wieder dreizehn Jahre alt ist. Damals lag seine Mutter nach einem schweren Autounfall monatelang im Koma. Heute vermischt sich die Angst des Vaters um das Leben seines Sohnes mit dem Trauma seiner eigenen Kindheit. Es ist mehr als ein Déjà-vu für ihn, es ist die leibhaftige Wiederholung seines Lebensdramas, und ich frage mich, ob er mit mir hoffen kann, wo ihn seine Erfahrung Lügen straft.

Arztgespräch

Um 16 Uhr gibt es das nächste Infogespräch mit den Ärzten. Diesmal ist Caspars ganze Familie anwesend. Eigentlich bin ich nicht allein, aber ich fühle mich so. Die Verantwortung wiegt jetzt sogar noch schwerer, da ich nicht nur die Verantwortung für Caspar fühle, sondern gleichermaßen für alle meine Kinder. Auf dem Korridor kommt mir Raimund mit wehenden weißen Haaren entgegen. Er verbreitet große Ruhe um sich. Ich bin froh und dankbar, ihn bei uns zu haben. Zu Beginn des Arztgespräches begegnen wir Dr. Maria und Dr. Marco. Die Ärzte stellen sich hier einfach mit ihrem Vornamen vor. Dr. Maria wirkt sehr jung und ist bildhübsch. Caspar wäre begeistert, denke ich mir. Innerhalb des Ärzteteams trägt sie die Verantwortung für ihn. Sie berichtet kompetent und sachlich von allen Brüchen – 18 an der Zahl –, die Caspar sich zugezogen hat. Caspars Zustand muss sich erst stabilisieren, bevor man Oberarm und Oberschenkel operieren kann. Eventuell dauert es noch zwei oder drei Tage, bis es so weit ist. Alle anderen Brüche werden als sekundäre Verletzungen angesehen, wobei das Schädel-Hirn-Trauma als die führende Verletzung hervorgehoben wird. Sie erklärt, dass es sich bei Caspar um ein Schädel-Hirn-Trauma der Kategorie III handelt. Sie schildert viele kleine Verletzungsherde, die sich über sein ganzes Gehirn verteilt befinden.

Ich höre konzentriert zu, verstehe manches nicht, verbiete mir aber sofort, auch nur einen einzigen medizinischen Begriff zu googeln. Nochmals bitte ich dringend um einen schriftlichen Befund. Damit es schneller geht, versichere ich, dass ein in Spanisch geschriebener Bericht absolut ausreichend sei. Wieder hinterlasse ich meine E-Mail-Adresse und meine Telefonnummern und bitte um rasche Nachricht. Kurze Zeit später erhalte ich wirklich die E-Mail mit dem ärztlichen Befund, auf den wir so dringend gewartet haben. Ohne Probleme überlässt uns das Krankenhaus Berichte und Röntgenbilder von Caspar.

Dr. Sieger ist über alles unterrichtet und wartet auf Nachrichten unsererseits. Er wird die Übersetzung des Arztberichtes durch einen Freund veranlassen, und sich, nachdem er ihn gelesen hat, wieder bei uns melden. Chiara übernimmt die Organisation des elektronischen Postweges. Ausgerüstet mit einem großen Laptop geht sie gekonnt mit den Röntgenbildern um. Sie leitet die Röntgenbilder nicht nur weiter, sondern wandelt sie in das richtige Format um, sodass die Bilder auch in Deutschland geöffnet werden können. Da es nun auf den Abend zugeht, richten wir uns auf Nachrichten aus Deutschland für morgen Vormittag ein.

Dr. Maria hat uns eine extra Be,suchszeit für Caspar eingeräumt. Ich bin ihr sehr dankbar dafür, denn ich habe das starke Bedürfnis, öfter und länger bei Caspar zu sein, als es möglich ist. In seinem Zimmer und in der Schaltzentrale der Schwestern hängen nun große Schilder, dass Caspars Familie ihn nun auch zwischen 17 Uhr und 18 Uhr besuchen darf. Nach dem Ärztegespräch nutze ich gleich diese neue Besuchsmöglichkeit. Ein Teil von uns geht schlafen, ein anderer geht in die Stadt, um unseren Kühlschrank zu füllen.

Der Barça-Rhythmus

Mittlerweile laufen wir nicht mehr ganz so orientierungslos durch die Flure des Krankenhauses. Nahe dem Eingang im Erdgeschoss entdeckt Maresi eine kleine Kapelle. Dort wird jeden Morgen um 11 Uhr eine Messe gefeiert. Das passt gut zu unseren Besuchszeiten. Morgen werden Maresi und ich und alle, die möchten, dorthin gehen.

So bauen sich für uns schnell ein Rhythmus und ein Alltag in Barcelona auf. Wir haben vier Besuchszeiten: von

7 bis 8 Uhr in der Früh; zwischen 13 und 14 Uhr am Mittag, und extra für uns von 17 bis 18 Uhr; abends dann noch mal zwischen 20 und 21 Uhr. Um 11 Uhr ist heilige Messe in der Kapelle. Damit haben die Tage eine Struktur, die allen guttut.

Mit dem Umzug in die Apartments sind wir quasi Selbstversorger geworden. Wo geht man am besten einkaufen, wie und wo waschen wir unsere Wäsche … Maresi und Chiara machen sich auf, die Nachbarschaft zu erkunden. Sie finden den Supermarkt, einen Gemüsemarkt und Antworten auf viele Fragen. Von Waschmittel über Müsli bis hin zu einem Wein oder Bier brauchen wir alle Dinge des täglichen Bedarfs. Und das für acht Personen. Die beiden meistern die Ad-hoc-Einrichtung eines Großfamilienhaushalts perfekt. Die Schlepperei hält uns in Trab. Wir diskutieren gerade über das Abendessen (Sollen wir selbst kochen? Sollen wir essen gehen?), als Caspar Zwo und Alex an die Türe klopfen. Sie haben zwei große, flache Glasformen mit selbst gemachter Lasagne dabei.

Das ist der Moment, in dem ich die beiden adoptiere.

Wir sind wirklich sprachlos über die so ruhige, selbstverständliche und absolut pragmatische Unterstützung dieser beiden jungen Männer. Als wäre das nicht genug, zieht Alex ein iPhone aus der Tasche und drückt es mir in die Hand. Er hat bemerkt, dass ich immer wieder Schwierigkeiten mit meinem Telefon in Spanien habe und keine Internetverbindung bekomme. »Es ist eine Prepaid-Karte darin, dies hier ist die Nummer.« Ich umarme ihn und Caspar Zwo fest und bin tief gerührt von ihrer Fürsorge. Die Jungs laufen eine Etage tiefer in das zweite Apartment und tragen einen zusätzlichen Tisch, Stühle, Geschirr und Besteck zu uns in die Wohnung hinauf. Hier ist alles für maximal sechs Personen ausgerichtet, viel zu wenig für uns alle. Mit Alex und Caspar Zwo sind wir zu zehnt.

Unser Apartment wird Küche, Wohnzimmer und Büro für alle. In der Wohnung einen Stock tiefer ist Ruhe für die, die schlafen möchten. Dass Caspar Zwo und Alex so selbstverständlich und intensiv mit uns zusammen sind, ist eine Freude und auch tatsächlich eine Erleichterung. Für Jacob, Chiara und Titus ist es gut, durch die beiden Anschluss an einen gleichaltrigen Freundeskreis zu bekommen. Mit Caspars Freunden Zeit zu verbringen ist ein bisschen so, wie mit Caspar selbst zusammen zu sein. Alex und Caspar Zwo erzählen uns von Caspar, von ihrer Freundschaft zu ihm und was sie verbindet. Wie sie sich kennengelernt haben und von gemeinsamen Reisen. Wie viel Spaß sie miteinander hatten. »Haben«, sage ich. »Ihr werdet Spaß haben, jede Menge noch.«

Und während ich über sie nachdenke, fällt mir ein, dass sie uns – Caspars Familie – vielleicht ebenso brauchen wie wir sie. Dass auch sie unter einem großen Schock stehen. Dass auch sie eventuell Halt bei uns suchen, den wir ihnen hoffentlich geben können.

Wir drücken ihnen einen Apartmentschlüssel in die Hand und versichern ihnen, dass sie kommen und gehen können, wie sie möchten. Alex und Caspar Zwo fragen, ob sie die Kommunikation mit der Universität übernehmen sollen. Das ist eine sehr gute Idee. Sie berichten auch, dass am nächsten Tag, wenn es uns recht wäre, der Studiengangsleiter von Caspar und die Betreuerin seines Jahrgangs uns gerne im Krankenhaus treffen würden.

Obwohl alle müde sind, will doch keiner schlafen gehen. Der Abend ist lang geworden. Wir realisieren unser Dilemma: Wenn wir erst nach der letzten Besuchszeit essen, dann kommen wir nicht vor Mitternacht ins Bett. Wenn wir vor 20 Uhr zu Abend essen möchten, wird es zumindest in einem Restaurant zu diesen frühen, typisch deutschen Zeiten kaum möglich sein. Ein klassischer Clash der Kulturen.

Morgen geht es wieder früh los. Die Rechnung ist ganz einfach. Um 7 Uhr wollen wir im Krankenhaus sein. Bei zwei Bädern für sechs Personen muss ich um 5.30 Uhr aufstehen, um morgens etwas Ruhe zu haben.

Krise – Stimmen aus dem Off

Die 49. Stunde

Ich bin noch bis tief in die Nacht hinein wach, versuche abzuschätzen, wann Caspars Unfall war und wann endlich die 48 Stunden vorüber sind. Es war nachts, gegen Mitternacht, glaube ich. Jetzt ist der 11. Mai, 00.41 Uhr, und ich schreibe eine Nachricht an die Familie in Deutschland. Es ist nun die 49. Stunde nach dem Unfall. 49 Stunden, in denen wir mit ihm durch jede Sekunde gegangen sind. In der jeweils kommenden Minute liegt seine ganze Zukunft. Ich verbiete mir strikt, über den nächsten Augenblick hinauszudenken. Der Augenblick jetzt und hier ist alles, was wir haben, und alles, was zählt. Wir sind in der 49. Stunde angekommen! Über diesen Gedanken schlafe ich ein, das Telefon fest in der Hand.

Alle stehen wir früh auf, jeder möchte zur ersten Besuchszeit bei Caspar sein. Heute wird ein schwieriger Tag für ihn sein, mit zusätzlichen Belastungen. Sein Oberschenkelbruch links und der Oberarmbruch rechts sind verschoben und müssen gerichtet werden. Unter den dicken, weißen Verbänden vermutet man nicht, dass die eigentliche Versorgung der Brüche noch aussteht. Ein Ein-Kilo-Sandsack hängt an Caspars Bein und aus dem Bett heraus, um es zu strecken. Jedes Mal, wenn wir um Caspars Bett gehen, schieben wir uns vorsichtig und ehrfürchtig an diesem Sandsack vorbei, um bloß nicht dagegen zu stoßen.

Pünktlich um 7 Uhr morgens stehen wir vor der UCI, um Caspar vor seiner OP zu sehen und ihn zu verabschieden, als der Eingriff plötzlich abgesagt wird. Die Operation wird auf den Nachmittag verschoben. Warum? Mein Herz schlägt bis zum Hals! Hat sich seine Situation verschlechtert? Allgegenwärtig ist die Sorge, er könnte Fieber bekommen oder eine Lungeninfektion, oder sein Hirndruck steigt an. Ich stelle mich innerlich auf ein weiteres Arztgespräch ein, was mittlerweile mein wahrgewordener Albtraum ist. Es liegt wohl an einem Notfall oder einem unvorhergesehenen Zwischenfall, erfahre ich im Vorbeigehen auf dem Flur der Intensivstation. Irgendetwas, das – so hoffe ich – nichts mit Caspar zu tun hat. Ich weiß nur, dass hier in der Uniklinik in Barcelona die Operationssäle 24/7 »bespielt« werden. Also warten wir.

Und wenn sonst nichts an Nachrichten kommt, aus denen man etwas Hoffnung schöpfen kann, dann entnehmen wir eben der Tatsache, dass die Ärzte Caspar diese OP überhaupt zumuten wollen, die Hoffnung, dass er in einem stabileren Zustand ist als noch vor zwei Tagen.

Stimmen aus dem Off

Heute haben wir eine wirklich gute Frühstückskneipe gefunden, gegenüber dem eigentlichen Haupteingang der Klinik. Wir laufen sonst immer durch den Eingang auf der Rückseite des Krankenhauses. Wenn wir den wirklich schönen Innenhof des Gebäudes durchqueren, zwischen den Ficus-Bäumchen entlanggehen, die im Spalier die Seiten des Innenhofes säumen, und vorne aus dem Haupteingang wieder raus auf die Straße kommen, dann lacht unsere Frühstück liebende Seele. Wir sitzen draußen auf dem Trottoir, hinter einer Kirschlorbeerhecke, und können den Tagesplan in Ruhe bei *Café con leche, Boccadillos* – spanischen Sandwiches – und frischem Orangensaft entwickeln.

Immer hängt einer von uns am Telefon. Die Zahl der Anrufe, Nachrichten und E-Mails steigt enorm an. Für mich ist es zu viel, um damit selbst umzugehen. Ich habe das Gefühl, diese Flut von Nachrichten raubt mir Kraft und Konzentration, die ich eigentlich hier in Barcelona brauche. Obwohl ich sehe, wie nett und wirklich anteilnehmend diese Nachrichten sind, überfordern sie mich auch. Ich bin in sehr engem Kontakt mit meiner Freundin Vile, die sich anbietet, als Verteiler einzuspringen. Wir verabreden, dass ich sie ständig auf dem Laufenden halte. Sie weiß, wen ich informieren möchte, und übernimmt die Kommunikation für mich. So spreche ich nur mit ihr, und sie gibt weiter, was es zu wissen gibt. Es ist für mich eine enorme Erleichterung, aber sie schmälert nicht unsere große Dankbarkeit darüber, so viel aufrichtige Anteilnahme zu erfahren.

Die Lorbeerhecke gibt uns etwas Schutz vor dem tosenden Verkehr. Doch auch auf unserer Seite der Hecke sind die Fußgänger nicht weniger hektisch unterwegs. Eine Masse Mensch strömt an uns vorbei, und wir sitzen hier an unserem Tisch wie auf einer Insel, als ich zwischen dem Gedränge der Passanten Philipp auf uns zurennen sehe. Er winkt mich zu sich und drückt mir sein Telefon in die Hand. »Du musst dir das selber anhören.« Sofort rast mein Herz – bitte keine Arztgespräche mehr, denke ich, aber ich nehme das Telefon und melde mich. Es ist Dr. Sieger, unser Neurologe aus Deutschland. Er hat den übersetzten spanischen Arztbericht und die Bilder von Sonntagnacht vor sich liegen.

Er bestätigt ebenfalls die Schwere der Verletzungen, betont aber, dass er eine ganz konkrete Überlebenschance für Caspar sieht. Das haben wir hier so noch nicht gehört. Dr. Sieger ist der erste und bis jetzt der einzige Arzt, der außer uns an Caspar glaubt und eine greifbare Möglichkeit sieht, dass Caspar diese Katastrophe übersteht. Ich lache, während mir die Tränen über das Gesicht laufen, und Philipp und ich klatschen uns mit den Händen ab. Dr. Sieger wird ab jetzt unsere gute Stimme aus dem Off sein, die uns Halt bietet. Es ist die beste Nachricht seit drei Tagen!

Ritt auf der Parabel

Und noch eine weitere gute Nachricht bringt uns die Krankenschwester, die Caspar heute früh versorgt hat. Sie berichtet, dass sich Caspar etwas gewehrt und seinen Kiefer selbstständig bewegte habe bei ihrem Versuch, ihm den Mund mit einem Schwämmchen zu reinigen. Wunderbar, das kommt mir doch bekannt vor. Wer lässt sich schon gerne die Zähne putzen? Wir lachen und machen Spaß und dumme Witze darüber. Es ist so erleichternd, herumzualbern, und so schütten wir uns auch über einen mäßigen Witz vor Lachen aus.

Die Operation wird auf 16 Uhr verschoben. Man zeigt uns die Wartezone für die Angehörigen. Während der OP wird ein Arzt herauskommen und uns über den Stand der Dinge unterrichten. Daher ist es zwingend notwendig für die Angehörigen, genau in dieser Wartezone zu bleiben. Vier

Holzbänke ganz oben unter dem Dach. Es gibt weder einen Kaffeeautomaten noch Klos in diesem Stockwerk. Wir teilen uns auf. Aber egal, wo jeder auch ist, alle sind doch im Geiste hier oben in der Wartezone, in der Warteschleife.

Caspar werden an Oberarm und Oberschenkel Marknägel eingesetzt. Die Brüche werden eingerichtet, die Nägel stabilisieren die Bruchstellen. Alle weiteren Brüche sollen so heilen, wie sie sind. Caspar, der in einem tiefen Koma liegt, bekommt zusätzlich sedierende Mittel. Ich weiß nicht, wie er jemals diesen Nebel, der sich zu einer chemischen Barriere verdichtet, durchdringen und wieder ans Tageslicht gelangen soll.

Um 20.30 Uhr kommt tatsächlich ein Arzt. Er erklärt uns, dass Caspar stabil, die OP aber sehr umfangreich sei und noch dauern werde. Ich sehe das Bild einer Parabel vor mir. Gaudí hat die Parabel seinem Konzept für den Bau der Sagrada Familia zugrunde gelegt. Das ist ein Gedanke, der mich nicht loslässt. Dieser Schwung, dieser Bogen, der das Lob der Heiligen Familie in den Himmel tragen soll, dieser Bogen ist die Rutschbahn, auf der mein Mut und meine Gefühle heute in den tiefsten Abgrund gefallen sind, nur um freudig an einem Hoffnungsschimmer wieder hinaufzuklettern, um dann von jemandem in einem weißen Kittel gleich wieder in den Abgrund gestoßen zu werden. Ich bin so erschöpft, wie ich es kaum jemals in meinem Leben war. Alle halten aus, alle halten mit Caspar durch. Solange er hier oben im OP-Saal ist, gehen wir nicht weg.

Um 22 Uhr ist alles vorbei. Caspar wird auf sein Zimmer gebracht. Zu uns kommt Dr. Maria. Sie berichtet, dass der Eingriff im Grunde gut verlaufen ist. Aber sie spricht Caspars Nerv im Oberarm an. Es könnte sein, dass er beschädigt ist. Sollte dies so sein, was man nicht überprüfen kann, hätte das Bewegungseinschränkungen für Caspar zur Folge. Er könnte seinen rechten Arm eventuell nicht mehr bewegen!

Wir alle sind unglaublich erleichtert. Ich höre mich noch sagen: »Dann ist es eben so!« Caspar ist eh Linkshänder, damit kommt er zurecht, denke ich. Noch heute begreife ich kaum, wie ich diese Ankündigung so ohne Weiteres, so ohne jeden Protest und Widerspruch aufgenommen habe. Auch alle anderen haben sich quasi damit einverstanden erklärt. Alle waren wir uns einig, dass Caspar seinen rechten Arm nicht sonderlich vermissen wird. Ich kann mich heute kaum mehr verstehen und glaube, dass nur das Spannungsfeld zwischen Leben und Tod eines Kindes eine solche elterliche Reaktion heraufbeschwören kann.

Gute Absichten

5.30 Uhr aufstehen! Ich sehne mich nach meinem eigenen Bad im Hotel. Noch wirklich müde, sehe ich ganz klar, wie unklug ich zu Hause die paar Sachen gepackt habe, die ich jetzt hier in meiner Schrankhälfte in Barcelona betrachte. Ich habe für ein frühsommerliches, mildes, liebliches Barcelona gepackt, finde mich aber in einer feuchten, regnerischen, windig-kalten Stadt wieder. Sommerkleider, Ballerinas, T-Shirts – keine Daunenjacke, nichts gegen Regen. Heute ist der Tag, an dem ich in Köln eigentlich meinen Friseurtermin habe, auf den man immer Wochen warten muss. Gestern habe ich ihn abgesagt und weiß, dass ich nun wieder Wochen werde warten müssen. Es formuliert sich eine feste Absicht in meinem Kopf: *Wenn schon alles scheiße ist, dann muss ich wenigstens nicht auch noch scheiße aussehen.* Ich werde mir also bei nächstbester Gelegenheit eine neue Garderobe zulegen und hier zum Friseur gehen.

Wieder finden wir uns alle um 7 Uhr vor der UCI ein und merken, wie sehr die Müdigkeit an uns zu zehren beginnt. Michael sitzt etwas abseits auf dem Korridor. Sein Mobiltelefon ist sein stetiger Begleiter. Ich weiß nicht, ob es ihn nervt oder ob er es braucht. Ob es ihn beruhigt oder ablenkt. Er kommuniziert sehr viel mit Menschen, die abwesend und nicht greifbar sind, und wird dabei selbst für uns abwesend und nicht greifbar.

Caspar hatte nach seiner OP eine gute Nacht. Aus jeder noch so kleinen guten Nachricht schöpfen wir Hoffnung. Schwieriges versuchen wir nicht zu werten. Wer sollte so eine Krise überstehen, wenn nicht Caspar?

Wir sitzen bei ihm im Zimmer und lesen ihm abwechselnd sein eigenes Buch vor. Es beruhigt mich, zu sehen, wie Caspars Brustkorb sich regelmäßig hebt und senkt, wäre da nicht das genauso regelmäßige Geräusch der Beatmungsmaschinerie. Wir können einfach nichts tun, und daher denken wir uns eben selbst Dinge aus, die uns wichtig erscheinen und die uns antreiben.

Zu dieser frühen ersten Besuchszeit sind oft Alex und Caspar Zwo mit uns zusammen bei Caspar. Diese Morgenstunden im Krankenhaus können sie gut mit dem Stundenplan ihrer Uni verbinden. Von Michael erhalten sie einen ganzen Schwung Bilder der Zwillinge, die er während seines Besuches bei Caspar vor etwa drei Wochen aufgenommen hat. Drei Wochen, wie lang ist das her, eine Ewigkeit weit weg. Wie fundamental anders unsere Welt jetzt aussieht!

Wir wollen diese Bilder in einem A4-Format ausdrucken und in Caspars Zimmer aufhängen. Damit er, sollte er aufwachen, sofort sehen kann, wer er ist und wohin er gehört.

Es ist uns auch ein großes Anliegen, den Pflegern und Ärzten zu zeigen, wer Caspar ist, was ihn ausmacht. So versuchen wir, mit allem, was wir haben, ihnen den Menschen Caspar näherzubringen.

Ist Gott schwerhörig?

Es geht auf 11 Uhr zu. Wir erinnern uns an die Krankenhauskapelle, die Maresi, meine älteste Schwester, vorgestern gesucht und gefunden hat. Allen ist es ein großes Bedürfnis, in die Kirche zu gehen. Caspar war mit Freunden hier in Barcelona einige Male in einer englischsprachigen Gemeinde. Eigentlich wollten wir in diese Kirche, mussten aber feststellen, dass sie leider zu weit weg von uns ist. Also freuen wir uns über die Messe im Krankenhaus.

Im Erdgeschoss, direkt vom Hintereingang rechts abgehend, liegt der kleine Kapellenraum. Er ist dunkel, warm und stickig, die Messe hat gerade begonnen. Ungefähr 20 durchweg ältere Menschen, verteilt über mehrere Bänke, schreien den lieben Gott an. Mir scheint, die Gemeinde betet ebenso laut wie inbrünstg. Vielleicht ist Gott schwerhörig? Vielleicht verwechseln wir Menschen auch ständig Hören und Erhören miteinander. Es zelebriert auch kein Arzt die Messe, sondern ein Priester, den ich bislang nur für einen Arzt hielt, weil ich ihn schon einige Male oben vor der Intensivstation habe stehen sehen. Sein weißer Kittel lässt ihn wie einen Arzt erscheinen, das kleine silberne Kreuz am Revers übersieht man leicht. Diese Wärme im Raum und diese Dunkelheit nehmen mich sofort mit. Mein Herz scheint sich in den rhythmischen Worten, die ich nicht verstehe, aufzulösen, und eine Ruhe breitet sich in mir aus. Ich bin erleichtert, weil ich spüre, dass ich nicht verantwortlich bin. Ich kann loslassen. Tief in mir formuliert sich dieser Gedanke: Ich bin nicht verantwortlich! Ich kann wieder beten, weil ich nicht für etwas Konkretes beten muss. Ich weiß doch nicht, was für Caspar das Beste ist. Wie soll ich wissen, was er möchte? Sterben, bevor er in den undenkbarsten, unsagbarsten geistigen und körperlichen Umständen leben muss? Leben, auf jeden Fall leben, egal wie?

Ich spüre, dass ich keine Antwort auf diese Frage habe. Es ist ja auch nicht notwendig, da ich diese Entscheidung nicht treffen muss. Ich überlasse alles Gott. »Dein Wille geschehe!« Ich werde die ganzen Tage hier, und darüber hinaus, keine Gebete mehr beten, die mit »... bitte mach, dass ... bitte lass doch ...« anfangen.

»Gott, dein Wille geschehe ...« – nichts anderes! Ich gebe alle Bilder frei, alle Erinnerungen an Caspar lasse ich los. Das Festhalten an dem, was war, hindert mich, das anzunehmen, was sein wird.

Ein Handy klingelt. Dem Alter der Anwesenden ist es geschuldet, dass es offensichtlich keiner hört, und so klingelt es munter weiter. Niemand regt sich. Plötzlich fängt der Priester an, sich in aller Ruhe abzutasten. Die Taschen des Priestergewandes, die Hosentaschen, die Brusttasche des Hemdes, bis er sein Telefon findet, das dann mitten auf dem Altar landet und dort weiterklingelt, da er nicht weiß, wie man es leise schaltet. Wir lachen in uns hinein und gehen etwas leichter und gestärkt aus der Messe.

Die Wege trennen sich. Manche legen sich hin und schlafen, einige gehen in die Stadt.

Mittags tauchen Alex und Caspar Zwo wieder auf. Sie kommen in Begleitung von Santiago, dem Leiter des Studienprogramms, an dem Caspar teilnimmt, Father Pep Maria, einem Jesuiten-Pater, der an der ESADE lehrt, und Martha, der Studienkoordinatorin. Sie alle sind tief erschüttert und bieten uns ihre Hilfe für alle Eventualitäten an. Im Laufe des Gesprächs wird mir klar, welche besondere Universität Caspar sich für sein Studium ausgesucht hat. Sofort tobt das schlechte Gewissen in mir, dass ich das nicht vorher wusste, ihm die Planung und Auswahl des Masters quasi allein überlassen habe. Auf der anderen Seite fand er das ja vielleicht auch ganz gut so.

Das Gespräch wird heikel. Father Pep Maria bietet uns an, eine Messe für Caspar zu lesen. Sofort steigt Panik in mir auf. Es fühlt sich wie eine vorweggenommene Trauerfeier an! Ich will nichts, das nach Verabschiedung aussieht. Keine Trauer, keine Tränen, keinen Begräbnislobgesang auf Caspar. Ich zögere.

Aber ich weiß auch, dass viele der Kommilitonen und Professoren das Bedürfnis haben, etwas für Caspar zu tun, und rechne es ihnen hoch an. Um keine Missverständnisse aufkommen zu lassen, antworte ich auf Deutsch und bitte Caspar Zwo, es für mich zu übersetzen. Ich stimme der Messe zu, indem ich gleichzeitig um einen fröhlichen, positiven Charakter des Gottesdienstes bitte. Schwungvolle Musik, lebensbejahende, positive Texte. Die Erde ist kein Jammertal, das durchlitten werden muss! Gott hat uns das Leben geschenkt, und es ist großartig. Wir, Caspars Familie, werden die Fürbitten selbst schreiben und halten.

Wir verabschieden uns. Ich bewundere den Mut von Santiago, Martha und Father Pep und denke mir, dass ich nie so einen Besuch machen möchte, während ich in unser Apartment zurücklaufe und vollständig erschöpft auf mein Bett falle.

Es ist der 12. Mai. Michael, Caspars Vater, hat heute Geburtstag. Ignorieren wollen wir es nicht, doch zum Feiern ist niemandem zumute! Philipp treibt einen großen Erdbeerkuchen auf und lenkt alles für ein geburtstagsnachmittagliches Kuchenessen in die Wege. Chiara bekommt an diesem Tag die Nachricht, dass sie ihr Bachelor-Examen mit der Note 1,5 bestanden hat. Sie traut sich kaum, uns das zu erzählen! Wie gut, dass sie es doch getan hat.

Caspar würde doch bestimmt auch wollen, dass wir den Geburtstag seines Vaters und den Erfolg seiner kleinen Schwester feiern. Man ist schnell dabei, wissen zu wollen, was jemand tun oder wollen würde, der sich nicht selbst äußern kann. Caspar wäre einverstanden mit einem bewegungslosen rechten Arm, genauso wie Caspar wollen würde, dass wir das, was auch noch wichtig ist, in den Mittelpunkt des Tages rücken. Besonders dann, wenn der Grund Vorwand sein kann für einen Besuch in seiner Lieblingsbar. So gehen wir abends alle in das atemberaubende »Boca Chica«.

Schwarzer Samt an den Wänden. Hohe Spiegel, in denen sich die funkelnden Gläser, Gin- und Whiskyflaschen im Endlosen verlieren. Elefantenstoßzähne flankieren das Kamingewände. Als wir die Treppe hochlaufen und ein Kellner Jacob für Caspar hält und ihn freudig begrüßt, wird mir schlagartig klar, warum Caspar mit seinem Monatsscheck nicht auskommt. Wir sitzen auf bunten festen Polstern, Hockern und niedrigen Sofas, versinken in tiefen Kissen und sind hingerissen von dem Gin-Tonic-Zauber, den ein Kellner mithilfe von viel Trockeneis zelebriert. Wir stoßen auf Michael und auf Caspar an. Jacob improvisiert eine kleine Rede auf seinen Vater, in der er die Feier auf nächstes Jahr vertagt. In einem Jahr, so versprechen wir uns, wird mit Caspar und allen, die wir hier um Caspar sind, noch einmal im »Boca Chica« Michaels 60. und Caspars 1. Geburtstag gefeiert.

Alle für Einen

Die Katze

Jeden Morgen berichten die Krankenschwestern von Caspars Nacht und seiner aktuellen Situation. Er hat gut geschlafen, er hat kein Fieber, alle Vitalwerte sind stabil. Mittlerweile können wir die Monitore hinter seinem Bett lesen und uns selbst einen vagen Überblick über seine Lage verschaffen. Das Diktat der Zahlen hat begonnen. Ich schaue nicht mehr in Caspars Gesicht und halte nicht mehr seine Hand, um zu wissen, wie es ihm geht, sondern sehe mir die Werte auf den Monitoren an.

Noch gestern Abend wurden die sedierenden Medikamente abgesetzt. Caspar erhält jetzt lediglich beruhigende Mittel. Das heißt, der »Aufwach-Prozess« ist eingeleitet. Nun soll er langsam zu sich kommen. Es geht darum, ein Gleichgewicht zu finden zwischen dem Stress, den Caspar erfährt, während er aus seiner Bewusstlosigkeit erwacht, und dem Stabilhalten seines Hirndrucks. Daher fasse ich jetzt den Mut und artikuliere den Wunsch, dass ich diese Gespräche, über Caspars Zustand, nicht mehr in seinem Zimmer, vor ihm, führen möchte. Egal wie tief das Koma ist, ich glaube fest, dass er alles, was wir in seiner Anwesenheit besprechen, auch hört und versteht. So bitte ich darum, die Unterhaltung draußen auf dem Flur zu führen. Es ist der Moment, in dem wir es für richtig halten, Caspar mit unseren eigenen Worten zu erklären, was passiert ist und wie es ihm geht. Viele Ärzte, besonders später in Deutschland, meinen, wir nähmen ihm damit das Recht auf Information. Natürlich hat ein 26 Jahre alter Patient alles Recht der Welt zu erfahren, wie es ihm wirklich geht. Aber der Gradmesser ist die Art und Weise, wie er in Kenntnis über seine Situation gesetzt wird.

Heute soll Caspar also langsam wach werden. Aus verschiedenen Gesprächen – Erfahrungsberichten von ehemaligen Komapatienten – glauben wir zu wissen, dass es für die Betroffenen selbst sehr schwer sein muss, sich aus dem Koma herauszukämpfen. Aus einer schwerelosen Distanz hinabzutauchen in die schmerzhafte erdgebundene Realität.

Wir erzählen Caspar immer wieder von seinem Unfall, was geschehen ist und wo er ist, was gerade passiert und dass wir ihn händeringend brauchen. An Caspars Bett stehen und nichts tun, das können wir einfach nicht mehr. Wir werden ihn mit allem, was wir haben, davon überzeugen, bei uns zu bleiben. Dort, wo wir an ihn herankommen, fangen wir an, Caspar zu massieren. Das sind seine Füße und Unterschenkel, seine Hände und sein linker Arm. Caspar hat es schon als Kind geliebt, massiert zu werden. Als er in die Schule kam, haben wir Buchstaben und Wörter auf seinen Rücken geschrieben, die er dann »lesen« musste. Er liebt Kopfmassagen zum Einschlafen genauso wie Fußmassagen. Und während wir ihn früher massiert haben, konnten wir ihm sogar das Versprechen abschwatzen, sein Zimmer aufzuräumen, einzutauschen gegen weitere fünf Minuten Rückenkraulen.

Jetzt betrachte ich sein Gesicht, während ich am unteren

Ende seines Bettes stehe und seine Füße massiere. Die geschlossenen Augen, die entspannten Züge wecken in mir die Gewissheit, dass er jeden Moment wie eine Katze zu schnurren beginnt.

Wir wollen ihn erleben lassen, dass sein Körper nicht nur ein Haufen zerschlagener Knochen ist. Diese intensiven Berührungen sollen ihm zeigen, dass er viel mehr fühlen kann als nur Schmerz. In den fünf Tagen, die Caspar nun in einem tiefen Koma liegt, haben wir uns in sein Gesicht hineingesehen. Wir können in seinem Gesicht lesen wie in einem Buch. Wir können von seinem Gesicht ablesen, ob er schläft, ob er Schmerzen hat, ob er entspannt ist. Es geschieht so selbstverständlich, dass wir unsere Eindrücke immer wieder vergleichen, um Fehleinschätzungen auszuschließen. So sind wir uns sicher, dass er vollkommen entspannt ist und die Berührungen genießt! Was für eine Freude!

Um 11 Uhr gehen wir wieder in die Krankenhauskapelle. Zu unserer Überraschung sind viele Kommilitonen von Caspar in die Messe gekommen. Echte Bestürzung und Anteilnahme haben sie hierher getrieben. Alle wollen sie natürlich zu Caspar, und wir fangen an, sie in homöopathischen Dosen über die nächsten Tage hinweg zu verteilen. Intensiv diskutieren wir darüber, ob es auch später für Caspar in Ordnung sein wird, wenn er weiß, dass ihn einige seiner Kommilitonen in diesem maximal hilflosen Zustand gesehen haben. Ist diese – seine – Situation nicht zu intim, um sie mit Studienfreunden zu teilen? Wieder habe ich den Eindruck, dass sich die Grenze verwischt, wer hier eigentlich wem hilft! Ich bin überzeugt, dass er auch den Zuspruch und den Ansporn seiner Freunde braucht, besonders da ich merke, wie ehrlich getroffen Caspars Freunde sind. Wie weit weg die Anteilnahme von Sensationslust ist. Wie sollen sie denn weitermachen, weiterleben, wenn Caspar stirbt? Wir entscheiden uns alle dafür, dass Caspars Freunde zu ihm gehen dürfen, sollen und müssen.

Auf großem Fuß

Der Nachmittag vergeht in fabelhafter Normalität. In den drei bis vier Stunden, die wir nicht im Krankenhaus sein können, ziehen wir in die Stadt. Shopping! Eine Krankenschwester schickt uns los, Schuhe für Caspar einzukaufen. Sie erklärt uns, dass wir Socken und hohe Turnschuhe für ihn besorgen sollen. Beides muss er im Bett tragen. Durch die Schuhe können ihm die Füße hochgebunden werden, damit sie sich an seinem hohen Bettende abstützen. Die Füße sind dann so aufrecht fixiert, als ob sie auf dem Boden stünden. Das verhindert die Verkürzung der Sehnen und Bänder und beugt so der Bildung von Spitzfüßen vor.

Ein wunderbarer Auftrag, der so herrlich normal ist. Wir schlendern am Hafen durch verschiedene Sportgeschäfte in der sicheren Überzeugung, überall Converse Chucks für Caspar kaufen zu können. Titus und Jacob übernehmen die modische Beratung ihrer Mutter. Alles läuft gut, bis klar wird, dass der durchschnittliche barcelonische Männerfuß nicht größer als Schuhgröße 44 wird – Caspar trägt Größe 45. Und auf Anraten der Krankenschwester sollten wir eine Nummer größer kaufen, damit es keine Druckstellen gibt.

Größe 46 ist ein absolutes K.-o.-Kriterium! Mit der Anzahl der Schuhgeschäfte, die wir hinter uns lassen, steigt die

Verzweiflung. Wir geraten in Zeitnot. Mittlerweile stehen alle modischen Fragen hintenan, es geht nur noch darum, irgendeinen geeigneten Schuh zu finden. Und schließlich entdecken wir ein Paar beige Turnschuhe mit Lederschnürsenkeln, Größe 45! Ich fürchte, wir werden uns später dafür rechtfertigen müssen, dass wir Caspar diese Schuhe angezogen haben. Sei's drum. Jetzt kaufen wir sie einfach.

Über Liebe

Die »Caspar Task Force Barcelona« wächst noch einmal an. Meine Schwester Line schaufelt sich drei Tage frei und kommt am Samstag nach Barcelona. Sie hat gemalte Bilder, Briefe, Autos und ein kleines, selbst gebasteltes Papp-Männchen mit dabei – die bunten, papiergewordenen Sorgen, Ängste und Unaussprechlichkeiten der kleinen Vettern und Cousinen zu Hause in Deutschland, die begreifen, dass etwas Schlimmes mit ihrem großen Cousin passiert ist. Sie hören ihre Eltern miteinander telefonieren und spüren, dass die Auswirkungen des Unfalls in Barcelona bis zu ihnen nach Hause reichen. Alles wird bei Caspar aufgehängt, sodass er es direkt sehen könnte, würde er nur aufwachen. Die Glaswände seines Zimmers in der UCI verwandeln sich in eine fröhliche, bunte Collage.

Wie weit der Unfall seine Kreise wirklich zieht, davon erzählt uns Line, weil wir es hier in Barcelona nicht mitbekommen. Freunde in San Francisco lassen eine Messe für Caspar lesen, im französischen Lourdes brennen die Kerzen rund um die Uhr für ihn. In London und in seinem alten Internat Worth Abbey wird für Caspar gebetet, genauso wie in Mandeni in Südafrika. Von Österreich bis nach Köln und München, vom Bodensee über Baden bis ins Sauerland tun sich Freunde zusammen, lassen Messen lesen und beten für Caspar! Aber auch Menschen, die weder unsere Familie noch Caspar kennen, lassen sich von Caspars Unfall so berühren, dass sie sofort für ihn zu beten beginnen und nicht nachlassen. In diesen ersten Tagen nach dem Unfall bildet sich eine Gebetskette, so organisiert, dass 24 Stunden am Tag ohne Pause mindesten ein Mensch – und es sind nicht wir – für Caspar betet. Meine Patentochter Donata organisiert diese Kette mit Mut, Enthusiasmus und Schwung und schafft es zusammen mit Esther, einer Nichte, dieses Band über die gesamte kritische Phase der ersten Woche aufrechtzuerhalten. All dies geschieht, ohne dass wir es wissen oder daran teilnehmen oder es organisieren müssen. Wir stehen wie inmitten eines Wirbelsturms aus Liebe, guten Gedanken und positiver Energie, der fast auf der ganzen Welt aufsteigt und in Richtung Caspar weht.

Seit gestern Abend wird die Kalorienzufuhr von Caspar stetig gesteigert. Alle paar Stunden gibt es 10 Milliliter mehr Proteinlösung. Auch an dieser Stellschraube wird nur langsam gedreht, denn es bleibt abzuwarten, was der Magen daraus macht und wie er reagiert. Ein weiterer Wert, auf den wir von jetzt an achten werden.

Abends beobachten wir, wie Caspar seinen Kopf selbstständig ganz leicht dreht. Sein Kiefer – nein, Caspar – vollführt kleine malmende Bewegungen. Ihn stört ganz offensichtlich das Beatmungsgerät in seinem Mund. Er bewegt seinen Unterkiefer von links nach rechts und versucht, mit der Zunge das Mundstück auszustoßen. Ist es wirklich Caspar? Oder sind es nur Reflexe?

Mein neues Mantra lautet: Lieber Gott, gib mir die Kraft, alles so anzunehmen, wie es kommt.

Über Mut

Sonntag fliegen meine Schwester Maresi und mein Bruder Philipp zurück nach Deutschland. Ich fühle mich entsetzlich verloren ohne sie. Als sie ins Taxi steigen, kann ich die Tränen nicht aufhalten. Ich ersticke fast an dem Bewusstsein, ihnen wahrscheinlich nie genug danken zu können. Selten habe ich so viel beherzte Courage gesehen. Ich denke an einen Moment in meiner Kindheit. Maresi und ich sind auf Fahrrädern in den Hügeln über Heidelberg unterwegs. Ich bin acht, sie vierzehn Jahre alt. Die Straße führt durch einen Wald, steil bergab. Maresi fährt als Erste und testet die Strecke. Unten an der T-Kreuzung angekommen, hält sie an und dreht sich nach mir um. Ich verstehe das als Aufforderung, loszufahren, spüre den Wind in meinem Gesicht und freue mich über mein rasantes Tempo. Die querende Straße wird auf ihrer gegenüberliegenden Seite von einem Gehweg entlang einer großen Mauer begrenzt. Maresi steht schon unten, dort wo die Straßen aufeinandertreffen, und ich sause bergab mit meinem Rad auf sie zu. Da merke ich, dass meine Bremsen nicht mehr funktionieren. So rase ich schreiend und ohne Halt auf die Kreuzung zu. Maresi stellt sich mir mit ausgebreiteten Armen in den Weg. Ich krache in sie hinein und sie fängt mich und mein Fahrrad auf. Jetzt ist sie mit Philipp nach Barcelona gekommen, um mich, um uns, abermals aufzufangen. Um alles mit uns auszuhalten, was es auch sein möge.

Caspars Sterben oder Caspars Überleben.

Während wir am Abgrund stehen, stellen sich Maresi und Philipp völlig selbstverständlich neben uns. Sie blicken mit uns in die Tiefe und halten uns fest! Nicht dass meine Geschwister Dankbarkeit erwarten, aber sie haben mit ihrer Haltung für ihre und für meine Kinder ein Lebensbeispiel dafür gegeben, was Familie ist und kann. Das werde ich nie vergessen.

Tagsüber treffen wir Vorbereitungen, damit wir unsere beiden Apartments, die nur wochenweise vermietet werden, nicht verlieren. Wir tauschen abermals die Wohnungen, da nun ein weiteres Apartment zum Hinterhof frei wird. Das ist bedeutend ruhiger und verspricht besseren Schlaf. Über das Wochenende hin verabreden wir, dass es gar keinen Sinn macht, wenn wir alle zu jeder Besuchszeit bei Caspar sind oder draußen auf dem Flur herumsitzen. Unsere Erschöpfung ist so groß, dass jeder selbst dafür sorgt, so viel Schlaf wie möglich zu erwischen: einmal ausschlafen oder einen Mittagsschlaf machen oder abends früh zu Bett gehen. Die Abende sind es, die den einen immer viel zu lange dauern, den anderen nicht lang genug sein können. Manche müssen abends den Gang durch die Stadt erleben, müssen laufen, um die Anspannung des Tages zu ertragen. Ich falle einfach nur ins Bett und ziehe mir die Decke über den Kopf. Wir vereinbaren, dass jeder etwas mehr auf sich und seine persönlichen Bedürfnisse achten darf und soll.

Manche haben den inneren Drang, auf Caspars Wegen durch Barcelona zu gehen. Michael besucht die Orte, wo er noch drei Wochen zuvor mit den Zwillingen gewesen war. Er und Jacob gehen durch Caspars Viertel, schauen seine Wohnung an und besuchen Caspars Freunde. Ich klinke mich hier völlig aus. Ich möchte dies alles nicht sehen und nicht wissen. Innerlich beharre ich darauf, dass ich mir das alles gemeinsam mit Caspar anschauen werde; er soll es mir selbst zeigen. In allem anderen wittere ich zu viel Abschied: noch mal – ein letztes Mal – sein, wo er war, sehen, was er sah. Ich hebe es mir auf für einen erneuten, glücklicheren Besuch in Barcelona.

Ärzte unter sich

Eine Woche. Schon eine ganze Woche dauert dieser Albtraum an. Jeden Tag wiederholt sich die Achterbahnfahrt aus Hoffen und Zweifeln. Immer noch ist die nächste Stunde das Maß aller Dinge für uns. Es ist, als hätte die Welt den Blick auf den Horizont verloren. Ohne dass wir uns Gedanken machen müssten, wer und wie, ist der nächste Nothelfer schon unterwegs. Hänschen, mein jüngerer Bruder und Patenonkel von Chiara, ist am Nachmittag angekommen. Seine unerschütterliche und gelassene Gegenwart tut mir gut. Er ist emotional nah an Jacob, Chiara und Titus dran und ein guter Gesprächspartner für sie. Natürlich zieht es auch ihn sofort zu Caspar ins Krankenhaus.

Ich stehe mit Hänschen gemeinsam vor der geschlossenen Türe der UCI. Es ist kurz vor 17 Uhr, wir kommen für unsere extra Stunde Besuchszeit. Eine der Krankenschwestern, die wir inzwischen alle kennen, öffnet uns. Überrascht betrachtet sie Hänschen. Er ist ein neues Gesicht für sie und bedarf einer kurzen Vorstellung. Der Stationsarzt wird bei dem Versuch, an uns vorbeizulaufen, sofort von ihr in ein Gespräch verwickelt und muss Hänschen begrüßen. Beide nehmend staunend zur Kenntnis, dass der Strom meiner kommenden und gehenden Geschwister nicht abreißt, und erkennen in Hänschen sofort den Arzt. Endlich ein Gesprächspartner auf Augenhöhe. Hänschen nutzt die Gelegenheit und erkundigt sich in bestem Mediziner-Englisch nach Caspars Zustand. Er fragt nach der aktuellen Situation, nach der medikamentösen Versorgung und nach den nächsten geplanten Schritten. Sofort spüre ich, dass Ärzte mit einem Angehörigen, der ebenfalls Arzt ist, anders reden als mit einem medizinischen Laien.

Hänschen ist zufrieden mit allem, was er erfährt, und beim Abschied gibt es kollegiale Versicherungen, jederzeit für Informationen zur Verfügung zu stehen. Ich bin überglücklich, Hänschen hier zu haben, und darüber, dass meine Familie, wenn schon nicht über einen Humanmediziner, dann doch mit Hänschen wenigstens über einen genialen Tierarzt verfügt!

Wir erfahren, dass für kommenden Dienstag, eventuell Mittwoch, eine ausführliche Magnetresonanztomografie geplant ist. Das MRT soll unter anderem Aufschluss darüber geben, wie schwer Caspars Schädel-Hirn-Trauma wirklich ist. Ob sich Hirnwasser gebildet hat, wie stark die Einblutungen im Hirn und welche Regionen betroffen sind. Die Tiefe seines Komas bleibt unverändert, und ich schätze, dass es nicht schlimmer kommen kann – und täusche mich mit dieser Einschätzung.

Das Privileg

Hänschen, der unseren Fragen und Gedanken nicht nur das richtige medizinische Vokabular verleiht, verfolgt auch genau unsere Beobachtungen, die wir bei Caspar gemacht haben, und hilft uns, sie richtig einzuordnen.

Wir zeigen ihm, was passiert, wenn Jacob sich zu Caspar an das Bett setzt, ihn berührt, seine Hand hält und mit ihm spricht. Zaghaft und nur um ein weniges tanzen alle Kurven und Werte in die Höhe. Es kommt Leben in die ansonsten bedrückend monotonen Kurvenbilder. Verlässt Jacob seinen Platz, lässt er Caspar los, dann dauert es eine kleine Weile und die Werte sinken, die Angst kommt zurück. Wir wollen aber jede noch so kleine Veränderung wahrnehmen. Spreche ich mit ihm, streichle ich Caspar durch seine Haare, wie ich es als Kind bei ihm getan habe, zieht wieder hektische Betriebsamkeit auf den Bildschirmen der Überwachungsmaschinerie ein.

Caspars Reaktionen auf die Anwesenheit seiner Familie sind für uns eindeutig. Es ist, als ob er mit uns über dieses Auf und Ab seiner Vitalwerte kommuniziert. Ja, ich bin da! Ja, ich höre euch! Ja, ich erkenne euch! Die Kommunikation, die wir daraus lesen, ist so unmissverständlich für uns, dass wir nicht nachlassen, mit ihm zu sprechen. Wir lesen ihm seine eigenen Reiseberichte vor. In meiner Not singe ich alte Kinderlieder, aber das nur, wenn wir allein sind. Unermüdlich erzählen wir, was mit ihm passiert ist. Dass er keine Angst haben soll, dass wir bei ihm sind und ihn nicht allein lassen werden.

Wir halten ihn mit unserer ganzen Kraft fest. Wir halten ihn zurück. Ich sehe Caspar manchmal schon recht weit weg von uns. Er schwebt irgendwie über uns, und ich packe ihn gerade noch an seiner Ferse, um ihn zurück auf den Boden zu ziehen. »Du gehörst nicht dorthin, wo du jetzt gerade bist«, sage ich ihm streng. »Du musst zurückkommen, Caspar, wir helfen dir, hab keine Angst, aber du musst zurückkommen«, flüstere ich ihm eindringlich in sein Ohr.

Eigentlich habe ich tiefstes Vertrauen in Ärzte, so tief, wie ich es nicht beschreiben kann. Als Caspar und Jacob noch Babys waren, lebte bei uns im Haus, in der Wohnung über uns, ein Arzt. Zu allem und jedem ließ er sich geduldig von mir befragen, kam, schaute sich die Kinder an und gab mir Rat. Über nichts habe ich mich gesorgt, der Arzt war ja im Haus. Eines Tages stand ich bei Michael vor der Wohnungstüre, mit Caspar auf dem Arm, der sich selbst zwei Fäden aus seiner Platzwunde gefriemelt hatte. Auf die Frage hin, ob er vielleicht jetzt auch die restlichen Fäden ziehen könnte, holte er die Pinzette seiner Frau, die sie zum Augenbrauen-Korrigieren benutzte, und fragte mich, ob er mir eigentlich schon einmal erzählt hätte, dass er Psychiater sei. Michels Eröffnung brachte mich aber nicht weiter aus der Ruhe – Arzt ist Arzt, dachte ich mir.

Auf der einen Seite erwarten die Ärzte dringend ein Zeichen dafür, dass Caspar langsam zu sich kommt. Auf der anderen Seite negieren sie die Zeichen, die Caspar gibt, als Reflexe und erachten sie als bedeutungslos.

Eine bewusste Willensanstrengung und die Überzeugung, es besser zu wissen, führen dazu, dass wir uns freischwimmen und dem trauen, was wir selbst sehen und fühlen. Es ist ein regelrechter emanzipatorischer Akt, sich frei zu machen von äußeren Beurteilungen und der inneren Stimme, der eigenen Intuition zu folgen.

Ich schreibe in unsere Chat-Gruppe:

Es war jetzt in den letzten zwei, drei Tagen ein harter Prozess, sich eine eigene Meinung zu erlauben. Es war wie eine Emanzipation. Wir – und auch ich – sind jetzt dort angekommen, dass wir sagen, der Job der Ärzte ist es, nüchterne Fakten zu sammeln. Aber wir dürfen das, was wir sehen, für uns interpretieren. Es gibt keinen wissenschaftlichen Beweis dafür, dass Komapatienten Jacobs Stimme hören. Aber wenn Jacob spricht und Caspars Herz geht schneller, sein EEG steigt an, dann werden wir das „lesen“, und uns ist klar: Caspar spürt unsere Gegenwart. Das ist unser Job und unser Privileg, es so zu sehen.

Schierer Trotz und eine wilde Entschlossenheit geben mir die Kraft, Caspars Situation so zu betrachten, auch wenn sich ein anderer Teil in mir nach nichts so sehr sehnt wie nach einer Bestätigung durch die Ärzte, dass es tatsächlich so ist.

Später am Tag treffen wir letzte Vorbereitung für die Messe, die morgen Nachmittag in St. Cugat gelesen wird. Die ESADE-Hochschule hat Studenten und Professoren eingeladen, in dem benachbarten Jesuitenkloster eine Messe für Caspar zu feiern. Das ist viel mehr als nur eine mitfühlende Geste. Immer wieder kommen Caspar Zwo und Alex bei uns vorbei und übernehmen die Koordination der Kommunikation mit der Universität. Es gibt so viele Fragen, und die Anteilnahme ist so groß, dass sie ein kurzes Statement über Caspars und unsere Situation für seine Professoren und Kommilitonen schreiben.

Später sitzen wir in einem Restaurant am Hafen und denken über die Fürbitten nach, die wir morgen während der Messe beten wollen. Auch einige Lieder wählen wir aus. Ich weiß gar nicht, wie das funktionieren soll. Ich kenne doch nur unsere deutschen Kirchenlieder. Ich weiß nicht einmal, ob wir eine Orgel mit Organisten in dieser Messe haben werden. Es soll bloß keine schwere Musik sein, keine getragenen Lieder. Ich wünsche mir und hoffe inständig, dass die Messe einen fröhlichen, positiven, lebenslustigen Charakter hat. Gerade der Situation zum Trotz. Keiner wird sich vorzeitig verabschieden!

ESADE

Ich schlafe immer noch schlecht und bin mir der Zustände zwischen Schlafen und Wachen seltsam bewusst. Merke, wie mühsam und langsam ich wach werde. Mein innerer Vorhang zieht sich schwer hoch, und ich wehre mich dagegen, aufzuwachen. Ich will nicht in diesen Tag, an diesen Ort, in diese Situation zurückkehren. Ich bin so erschöpft und habe solch einen Widerwillen, aufzuwachen. Aber irgendwie stehe ich doch auf. Heute ist Dienstag. Eventuell wird heute die MRT-Untersuchung durchgeführt, oder doch erst morgen? Sofort hängt diese dunkle Wolke aus Ungewissheit und Angst über mir. Das Warten zerreißt meine Nerven.

Line fliegt heute nach Deutschland zurück. Wieder ist es ein Abschied in Tränen, und sie lässt uns genauso ungern in dieser Ungewissheit zurück, wie wir sie gehen lassen.

Gibt es eine Steigerung von Müdigkeit? Ich weiß es nicht. Heute wird es jedenfalls keinen Mittagsschlaf geben. Wir werden stattdessen nach St. Cugat fahren. Der Ausflug zur Universität findet zwischen zwei Besuchszeiten statt, und ich mache mir, schon bevor wir überhaupt losfahren, Sorgen, ob wir wohl rechtzeitig zurückkehren werden. Nervös hoffe ich, dort in der Kirche nicht ganz meine Fassung zu verlieren. Alex, »Taxi-Ali«, kommt mit seinem Auto vorbei und holt Jacob ab. Seit Monaten fährt Alex in seinem grünen Mazda-Cabrio jeden Tag aus der Stadt hoch zur Universität. Sein Beifahrersitz erfreut sich größter Beliebtheit. Alex beteuert aber stets mit einem Augenzwinkern, dass der Beifahrersitz fest für Caspar reserviert sei. In vielen Telefonaten hat Caspar uns von diesen morgendlichen Fahrten zur Uni vorgeschwärmt. Heute fährt also Jacob mit. Wir fahren mit zwei Taxis hinterher, und ich überlege, ob es so ein Taxi war, das Caspar überfahren hat. Aber ich mache mir auch Sorgen um Jacob. Er wird, zweifelsohne, Irritationen an der Uni auslösen. Ich weiß nicht, wer dort im Bilde darüber ist, dass Caspar einen Zwillingsbruder hat. Jacob und ich reden darüber, und ich versuche, ihn darauf vorzubereiten. Doch letztlich kennt er selbst diese Verwechslungen am besten. Jacob erweist Michael und mir einen großen Dienst, indem er in der Kirche alle Anwesenden in unserem Namen begrüßt und sich bedankt. Er berichtet kurz von Caspar und tut dies äußerlich sehr gefasst und ruhig. Ich bewundere ihn dafür, hoffe aber, dass er dieses innerliche Korsett, das ihn hält, eines Tages wieder loswird.

Ein Gospelchor tritt auf. Ich bin erleichtert, wie gut sie

die Frage der Musik gelöst haben! Zum Glück singen wir keines der Lieder, die wir aufgeschrieben haben. Der Chor bringt genau die Atmosphäre, die ich mir erhofft habe, und betont den fröhlichen, lebendigen Charakter der Messe.

Zum Schluss passiert es dann doch. Ein paar andere deutsche Studenten und wir singen das »Großer Gott, wir loben Dich« gefühlt fast allein in einer recht großen Klosterkirche. Unsere zehn oder zwölf dünnen Stimmen schmettern nicht gerade Richtung Himmel. Immer wieder muss ich tief durchatmen, um einige Zeilen mitsingen zu können. Es ist ein sehr leiser, schmerzender, müder Lobgesang. Vor Gott kann man eben nichts verstecken! Da nutzt keine gute äußere Haltung, kein So-tun-als-Ob!

Caspar, der immer noch beatmet wird, erfährt heute eine echte Erleichterung. Seit gestern sehen wir auf einem Tisch an der Wand all die Dinge liegen, die man für einen Luftröhrenschnitt braucht. Das Mundstück der Lungenmaschine, über das bis jetzt seine Atmung aufrechterhalten wird, stört ihn erheblich. Die Zunge arbeitet, und der Kiefer malmt, um das blöde Ding loszuwerden. Ärger über eine Situation ist ja zuweilen auch ein guter Motor, und so denke ich manchmal, dass vielleicht auch sein Ärger ihn ins Bewusstsein zurückführt. Heute Nachmittag ist es also so weit. Wieder bekommt er eine kurze Narkose, der Schnitt wird gesetzt. Die Luftröhre unterhalb des Kehlkopfes wird geöffnet. Genau dort, wo jedes Säugetier am verletzlichsten ist. Jeder Hund zeigt, wenn er sich ergibt oder unterwirft, dem Gegner diese kleine zarte Stelle. Es ist ein Urinstinkt, diesen Teil des Körpers nicht oder nur im größten Notfall preiszugeben. Mich trifft es sehr, bei Caspar diese erneute Verletzung zu sehen, aber hier ist das Wort »alternativlos« ausnahmsweise richtig gewählt.

Wenn Leben sinnlos wird

Wunder geschehen nebenbei

Zuerst warten und erwarten wir Neues, Erleichterndes, Verlässliches, und dann sehen wir die Dinge nicht kommen und sind überrascht. Es ist schon alles Routine geworden: das frühe Aufstehen, der Weg ins Krankenhaus, die Stimme im Aufzug. »Tercera planta« scheppert es im Lift – ich denke mir einfach, es könnte auch »guten Morgen« heißen.

Caspars Zimmer ist leer, als wir kommen. Er liegt gerade im MRT und wird untersucht. Es ist der zehnte Tag nach dem Unfall. Seit knapp einer Woche ist Caspar ohne sedierende Medikamente. Die Ärzte, wir selbst: Alle warten sehnsüchtig auf ein Zeichen, eine Reaktion, eine Kontaktaufnahme, auf irgendetwas von Caspar.

Als er in sein Zimmer geschoben wird, sieht er schrecklich aus. Angestrengt und müde. Er wirkt weiter weg, abwesender denn je. Es geht ihm sichtlich schlechter. Die Routine lässt uns agieren wie immer. Reden, vorlesen, die Krankenschwestern befragen, den Arzt sprechen, der die Nacht über in der Station war. Caspar liegt in seinem Bett, ganz versunken, eins mit der Matratze werdend.

Die Erleichterung, das Mundstück des Beatmungsgerätes los zu sein, ist ihm nicht anzumerken. Jacob betrachtet Caspar intensiv und merkt plötzlich, wie Caspar selbstständig immer wieder aus eigener Kraft Atem holt. Er zeigt es mir. Ich bin unsicher. Ist es genau so, wie es uns erscheint? Jacob kriegt einen Arzt zu fassen und holt ihn in unser Zimmer. Wir bitten ihn, uns das Kurvenmuster auf dem Monitor zu erklären. Große regelmäßige Sauerstoffberge, die nach dem Rhythmus der Maschine erscheinen, sich aufbauen und wieder abflachen. Und dazwischen kleine scharfzackige Tannenzapfen, die kommen und gehen, ganz unabhängig und eigenwillig. Zwischen jedem Berg zwei kleine Spitzen.

Ja, das ist Caspar! Er atmet! Selbstständig, allein – aber auch ausreichend? Die Sauerstoffsättigung lässt keinen Zweifel daran. Der Arzt berichtet nebenbei, dass Caspar während der MRT-Untersuchung spontan allein zu atmen begonnen hat. Für uns ist es wie ein Wunder! Ich weiß nicht, ob ich weinen oder lachen soll, so beiläufig kommt diese sensationelle Nachricht. Sein Herz schlägt, der Kreislauf ist stabil, und er atmet selbstständig. Caspar ist außer Lebensgefahr, definitiv. Unser Glück ist unbeschreiblich, alles andere werden wir auch noch hinbekommen. Caspar lebt! Gott sei Dank, und das schreibe ich in aller Ernsthaftigkeit. Gott sei Dank – und danach sofort den Ärzten der Hospital Clinic!

Zur Feier des glücklichen Tages unternehmen Hänschen und ich am Nachmittag eine ausgedehnte Shoppingtour in die Stadt. Wir kaufen einen Drucker und komplettieren unsere Wohnungsausstattung mit einer Kaffeemaschine. Die Kommunikation mit Ärzten und Versicherungen wird komplexer. Morgen werden wir versuchen, die MRT-Bilder nach Deutschland zu »beamen«. Hänschen und Chiara bereiten sich darauf vor, die Bilddateien zu empfangen, umzuwandeln und weiterzuleiten. Ich richte mich auf unbestimmte Zeit hier in Barcelona ein und muss mich daher zu Hause ersetzen. Vollmachten ausstellen, Post umleiten, Vereinbarungen mit Banken treffen. Verschiedenen Gremien, für die ich arbeite, biete ich meinen Rücktritt an. Ich erkläre, dass ich in Barcelona bin und nicht weiß, wann ich wieder nach Deutschland reisen kann, und mich auch nicht festlegen will. Ich bin dann mal weg und weiß nicht, für wie lange. Es ist mir unvorstellbar, wie, aber das ganz normale Leben dreht sich weiter, und niemand merkt, dass du gerade aus dem Karussell gefallen bist. Doch immer wieder ist es mir bewusst, wie glücklich ich mich schätzen kann, hier zu sein. Ich kann mich ausklinken. Ich finde Wege, meine Belange zu Hause zu delegieren. Ich finde Unterstützung bei allen Geschäftspartnern. Ich kann meine Räder bis zu einem gewissen Grad langsamer laufen lassen. Wer kann das schon … Ich denke an sicherlich viele Familien, denen es nicht erlaubt ist, aus den unterschiedlichsten Gründen, ihren Liebsten diesen intensiven Beistand zu leisten. Und auch dieser Gedanke macht mich dankbar und demütig. Dieser Gedanke ist meine Motivation, das hier durchzuziehen, egal wie lange es dauert.

Es ist ein wirklich glücklicher Tag, und doch schaffe ich es nicht, die innerliche Handbremse loszulassen. Caspar lebt. Doch die Frage bleibt, *wie* er leben wird.

Baum ohne Blätter

Seit Wochenanfang, der schon eine halbe Ewigkeit hinter uns liegt, bangen wir diesem Tag entgegen. Alle fühlen es, allen liegt es auf der Seele, es brennt sich in unsere Gedanken ein, und keiner wagt darüber zu sprechen. Es gibt nichts, was wir sehnlicher erwarten und mehr fürchten als dieses Arztgespräch heute. Wir wissen nicht einmal, welcher Arzt mit uns sprechen wird, um die Weichen für unser aller Zukunft zu stellen. Es ist auch egal, denn alle Ärzte werden zu einem Arzt.

Raimund steht wieder vor der Eingangstür zur UCI und wartet auf uns, als wir den Gang heruntergelaufen kommen. Meine Schwester Claudia, die heute Vormittag ankam, um Hänschen abzulösen, ist mit dabei. So stehen wir, Michael und ich, Jacob, Chiara und Titus, Raimund und Claudia, in diesem winzigen Büro, das mir schon Platzangst und Atemnot macht, wenn ich nur auf dem Flur daran vorbeilaufe. Gestern war die ausführliche MRT-Untersuchung von Caspar, heute erfahren wir die Auswertung der Bilder.

Lucas ist es. Lucas, der Arzt, der Caspar als Erster im Hospital Clínic aufgenommen hat. Lucas, der Caspar das Leben gerettet hat. Vor Lucas liegen weiße Papierblätter. Ich sitze ihm direkt gegenüber. Lucas spricht Englisch, und ich muss mich konzentrieren, damit ich ihm folgen kann. Aber das, was er sagt, kann ich nicht verstehen. Er sagt, Caspar zeige keinerlei Reaktionen. Er müsste eigentlich seit Tagen wach sein, aber er kommt nicht zu sich. Lucas nimmt einen Stift in die Hand und zeichnet sehr unbeholfen ein aufrechtes, schmales Rechteck. Oben auf dem Rechteck platziert er eine Kugel. Er zeichnet viele Striche, die aus dem Rechteck empor und durch die Kugel aufstreben, sich auseinander bewegen. Es ist ein Baum, wie von einer Kinderhand skizziert. Er bedeutet mir, dass dieser Baum Caspar sei. Nein, vielmehr, dass dies ein Baum sei, der für Caspar steht. Die Striche – Äste –, die dem Stamm entspringen, gabeln und verzweigen sich, um eine Krone zu bilden. Die Baumkrone steht für die Persönlichkeit des Menschen, seine Fähigkeiten, seinen Charakter. Je höher die Zweige wachsen und je mehr sie sich verästeln und ausbilden, desto differenzierter ist der Mensch.

Ich sitze vor ihm und sehe es nicht kommen. Der ganze Raum ist in den Hintergrund getreten, es gibt nur Lucas, das Papier und mich in diesem Zimmer. Ich höre Lucas reden und glaube, er spricht wie in Zeitlupe zu mir. Sein kahl geschorener Schädel, seine blauen wimpernlosen Augen haben etwas Haifischartiges für mich. Beinah scheint er zu wachsen. Ich fühle mich bedroht von ihm. Da fällt er mit einer plötzlichen Bewegung den Bleistiftbaum. Er zieht einen schwarzen Strich, wie einen Axthieb, quer durch die Mitte des Baumstammes. »Krach«, da liegt der Baum. Es geht blitzschnell. Fallbeilartig. Der Hai schnappt zu, und aus dem Bleistiftbaum wird ein Baumstumpf.

Bis hierhin also, bis zu diesem Strich. Der Baumstamm symbolisiert Caspars vegetatives Nervensystem. An Lucas schwarzem Strich vorbei werden sich keine Äste mehr entwickeln, keine Zweige, keine Blätter oder Früchte. Caspar wird also wie ein Baum ohne Blätter, Farben und Blüten sein? Ich höre es, aber ich verstehe es nicht. Caspar wird sein Bewusstsein nicht wiedererlangen. Was redet er? Lucas verkündet uns sehr ernsthaft und bestimmt das Unmöglichste aller Szenarien.

Caspar wird ein Komapatient bleiben. Sein Leben lang. Die Verletzungen seines Hirns scheinen zu gravierend zu sein. Nichts nützt es ihm, dass er gestern spontan angefangen hat zu atmen. Nichts nützt es, dass wir bei ihm sind und ihn festhalten. Es nützt uns allen alles nichts. In meinem Leben habe ich nie etwas Sinnloseres gehört!

Ein leises Stöhnen holt mich in dieses schreckliche winzige Kabuff zurück. Ich drehe mich um und sehe, wie Chiara die Tränen über die Wange laufen. Titus scheint an der Wand entlang Richtung Boden zu rutschen. Jacob ist wie erfroren! Er starrt mit ausdruckslosem Gesicht ins Leere und kämpft eisern um seine Haltung.

Lucas redet und redet und hört nicht auf! Ich kann ihm nicht mehr zuhören und werde zornig. Lautlos schreie ich ihn an. Es tobt ein stiller Zweikampf zwischen ihm und mir. Du wirst mich nicht unter Wasser ziehen. Ich gehe nicht unter. Ich schwimme um mein Leben und auch um das Leben aller anderen hier im Raum. Ich werde mir auch nicht ein Einziges meiner Kinder von dir ruinieren lassen! Geschweige denn alle vier!

Lucas hat uns alle gelähmt. Ich weiß nicht, wie wir letztlich in unser Apartment kommen. Ich finde mich auf meinem Bett sitzend wieder mit einem tief verzweifelten Titus im Arm. Er weint, bis er müde ist und einschläft. Chiara ist bei uns, wir sprechen und weinen miteinander, und es gibt nichts, was wir uns zum Trost sagen könnten. Nach zehn Tagen Hoffen und Bangen und Kämpfen sind wir am Ende unserer Kräfte angekommen. Ich höre mir zu, wie ich den beiden sage, dass kein Mensch wirklich weiß, was kommt. Gott allein weiß es. Gott ist der Allmächtige, und wenn vor Gott alles möglich ist, dann ist auch das Gute möglich. So ist alles offen, und ich verspreche ihnen, dass wir die Kraft finden werden, jede Situation, in die Caspar gerät, ein gutes Stück zum Besseren zu wenden.

Ich verschweige ihnen, dass ich gestern mit meinem Bruder im Innenhof des Krankenhauses gesessen habe, während das schiere Entsetzen mich packte und all meinen Mut zunichtegemacht hat. Ich verlor völlig die Fassung und konnte nicht aufhören zu weinen. Ich weinte um Caspars Leben. Was soll werden? Aus uns allen, nicht nur aus Caspar. Wie wird Michael die Diagnose verkraften? Was wird mit Caspars Geschwistern geschehen?

Ich weinte auch um mich. Als Abiturientin bin ich einmal mit einem Pilgerzug nach Lourdes gefahren. Ungefähr 50 bis 60 schwerstkranke, behinderte und pflegebedürftige Menschen fahren mit einem Haufen hochmotivierter, aber medizinisch komplett unerfahrener Helfer für eine Woche zu einem Marienheiligtum nach Frankreich. Vier anstrengende Tage im ratternden, schaukelnden Zug, die die Patienten liegend und zum Teil in Schmerzen durchstehen, um dann drei Tage in Lourdes ein volles Programm zu absolvieren.

Es ist meine erste Begegnung mit Menschen, die unvorstellbar leiden, jeden Tag, fast ein ganzes Leben lang. Ich begreife schnell, dass diese Woche trotz aller Strapazen für viele von ihnen die glücklichste des ganzen Jahres ist. Ich begreife aber auch, dass ich nicht zur Krankenpflegerin berufen bin, dass mir schwerfällt, was andere mit einer freudigen Leichtigkeit tun. Sofort flüchte ich mich in die allseits ungeliebten Hilfstätigkeiten, bin gleich dabei, wenn es um den Küchendienst geht, halte nächtelang Wache und putze passioniert Schlafsäle. Nichts, was ich tragen soll, wird mir zu viel, keine Uhrzeit ist zu früh. Ich tue dies, um der eigentlichen Krankenpflege aus dem Weg zu gehen. Ganz unauffällig. Der Umgang mit und die Pflege der Kranken machen mir Angst. Jahrelang kann ich den schraubstockfesten Griff der alten Dame an meinem Oberarm fühlen, sehe ihren wilden starren Blick, als ich sie in den Rollstuhl setzen soll. Sie kann kaum sprechen und sagt immer wieder drohend: »Du ... Du ... Du!«, und hält mich fest – hält mich fest, bis ich beinah Platzangst bekomme.

Auch jetzt habe ich Angst und schäme mich dafür. Ich habe Angst vor meiner Unfähigkeit. Ich habe Angst, einer möglichen geistigen Behinderung von Caspar nicht gewachsen zu sein, und schäme mich so sehr dafür, dass ich es meinem Bruder gegenüber nicht aussprechen kann. Ich weine aus Wut über mich bei der Idee, Angst vor Caspar zu haben. Ich weiß, ich bin wahrscheinlich keine gute, geduldige Krankenpflegerin, und ich weiß nicht, ob ich Caspar so ertragen könnte. Ich weiß es einfach nicht. »Du bist eine Löwenmutter«, meint mein Bruder.

Meine Nichte Maria wirft einen Blick für Caspar und mich in die Zukunft

Wenn ich an meine pflegerischen Unzulänglichkeiten denke, bin ich außer mir, aber was mich in genauso große Panik versetzt, ist die Frage, ob Caspar sich selbst wird annehmen können. Für ein wie auch immer geartetes Weiterleben reicht es doch nicht, dass wir zu einer Akzeptanz der Situation kommen, Caspar muss doch ebenfalls einverstanden sein. Was bleibt ihm von sich selbst? Wie kann er sich selbst annehmen, wenn ihm jeder Blick auf Jacob zeigt, was sein Gewinn gewesen wäre, was hätte sein können?

Wie kann ich mich auf alles, was sein wird, einlassen, wenn Jacob mir alles zeigt, was war, mir zeigt, wie es hätte sein können? Jacob Caspar, Caspar Jacob vergleichen ist etwas für Masochisten. Im Vergleich liegt nichts als Schmerz. Ich schlage mir alles aus dem Kopf, lasse jede Erinnerung an Caspar, wie ich ihn liebte, los. Caspar und ich werden neu miteinander anfangen. Die Liebe zu ihm halte ich fest im Herzen, aber in meinen Gedanken schaffe ich Platz für einen Caspar, den ich noch nicht fassen kann, der mir aber vertraut werden wird.

Zu zweit allein

Wir sind stur. Wie eine Herde müder Bergesel trotten wir unseren Tagesablauf entlang. Nichts wird geändert. Aufgeteilt in kleine Gruppen gehen wir zu den Besuchszeiten in das Krankenhaus, gehen frühstücken, gehen in das Krankenhaus, gehen einkaufen, gehen in das Krankenhaus. Caspars Temperatur steigt seit gestern Abend, eine mögliche Lungeninfektion kündigt sich an. Ein neuer Feind taucht während der Schlacht auf und verändert die Frontlinie. Jetzt bitte keine Lungenentzündung. Gegen Morgen, meinen die Nachtschwestern, sinkt die Temperatur wieder etwas. Starke Antibiotika werden verabreicht, und auch die Kühlung seines Körpers hat Wirkung gezeigt.

Trotz allem war es eine ruhige Nacht.

Eine Ärztin zieht heute die Fäden aus allen Nähten in

Caspars Gesicht. Auch die starken Verkrustungen an seiner Schläfe und Wange werden vorsichtig abgetragen und geben ein gutes Stück seines Gesichtes wieder frei. Er ist nun im Gesicht verbandlos, und so scheinen wir ein kleines Stück näher an ihn heranzukommen. Es ist schön, wie sein Gesichtsausdruck sich entspannt, wenn wir ihn streicheln oder mit den Händen durch seine Haare fahren.

Wir halten seine Hände und wärmen seine Füße, und Claudia spürt, wie sich Caspars Fuß fest gegen ihre Hand drückt. Dann zieht er sein linkes Bein an und streckt es wieder aus. Und auch wenn diese Bewegungen keine tieferen Bedeutungen haben, nicht bewusst ausgeführt werden, zeigen sie uns doch, dass der Bewegungsapparat funktioniert, dass diese Bewegung möglich ist. Wir wissen zumindest jetzt, dass es keine Lähmung im linken Bein oder linken Fuß gibt.

Chiara hat eine besondere Verbindung zu ihrem Bruder aufgebaut. Sie sitzt an seiner Seite und hält Caspars rechte Hand in ihrer. Ganz leicht und locker hält sie sie. Und sie spricht ruhig, aber eindringlich auf ihn ein. »Caspar, hörst du mich?« – »Caspar, wenn du mich hören kannst, dann versuch, meine Hand zu drücken.« Immer und immer wieder spricht sie so zu ihm. Chiara beobachtet ihn, hält seine Hand und bewegt sich keinen Millimeter, um die winzigste Reaktion ihres Bruders aufzufangen.

Da bewegt er seinen Daumen. Ganz leicht. Ganz zart wie ein Schmetterlingsflügel streicht er mit seinem Daumen über ihren Handrücken. Sie ist überglücklich! Gleich noch einmal. »Caspar, wenn du mich hören kannst, dann beweg doch noch mal deine Hand.« Es wäre zu schön, um wahr zu sein. Es vergeht eine kleine Weile – und wieder kommt das zarte Streicheln, er bewegt seinen Daumen!

Das ist die zweite Art des Kontaktes, die wir nun mit Caspar haben. Die Bilder der Kurven und Vitalwerte auf den Monitoren ist die eine Art der Reaktionen, die er uns gibt, und nun bewegt er auf Zuspruch seinen Daumen. Das erschließt uns ein Himmelreich an Kommunikation. Fragen sind möglich. Antworten sind möglich. Wissen ist möglich!

Was ich nicht weiß, ist, wie es wirklich in Jacob ausschaut. Caspar, sein Zwillingsbruder, Brother in crime, Verbündeter, Wegbegleiter und Augenzeuge seines Lebens. Das »Heb-mich-zieh-dich«-Prinzip scheint außer Kraft zu sein. Mir wird auf einmal klar, dass Jacob hier nicht nur vor seinem zertrümmerten Bruder steht, sondern dass hier sein Bruder und seine – ihre – gesamte Lebensplanung zerschlagen vor ihm im Bett liegen. Immer waren sie zu zweit, der eine kann die Sätze des anderen vervollständigen. Oft sind sie beide gemeinsam weiter gekommen, als sie es alleine wären. Vielleicht hat jeder Einzelne von ihnen daher kaum eine Idee von der ihm selbst innewohnenden Stärke.

Nun ist Jacob vor Caspars Bett zu zweit allein. Von einem Moment zum nächsten hat er seinen Partner, seinen Zuhörer und Ratgeber und sicherlich auch ein gutes Stück seiner selbst verloren. Weder Jacob noch Caspar sind von der Rolle des Ältesten geprägt. Keiner geht voran, nie ist der Platz neben ihnen leer. Der größte Vorteil eines Menschen ist immer auch sein größte Nachteil. Sie sind nie allein.

Vielleicht erfährt Jacob jetzt zum ersten Mal, was es bedeutet, alleine zu sein. Dabei lässt er einen Grad von Akzeptanz der Realität erkennen, den ich gewaltig finde. Er steht nicht mehr neben Caspar. Er stellt sich vor ihn. Er gibt an, was sein soll und wie es für beide sein soll. »Egal was ist, ich will nicht, dass Caspar leidet«, sagt er, und es ist als Anweisung für alle anderen zu verstehen.

Mein Schwager Georg, Claudias Mann, ist am frühen

Abend zu uns nach Barcelona geflogen. Er ist für Jacob gekommen. Wieder kommt mit Georg die richtige Unterstützung im richtigen Moment. Ohne viele Worte wird er einen Weg zu Jacob finden. Die beiden Schweigenden werden sich eben telepathisch miteinander unterhalten.

Sonnenbrillenblickwinkel

So sieht also Barcelona bei schönem Wetter aus! Die Straßen sind voller Leben. Während Vespa-Schwärme an uns vorbei durch die Straßen schwirren, suchen wir uns ein Taxi und fahren zur Plaça de Catalunya. Wie ins Wasser geschmissen landen wir mitten in der Menge. Wir laufen mit dem Strom durch die Altstadt und gehen einkaufen. Nicht weil wir etwas bräuchten, sondern weil es Spaß macht. Es ist wunderbar, an nichts anderes zu denken. Ich versuche es zumindest. Tatsächlich aber fühle ich, dass mein Leben meilenweit entfernt ist von dem Leben aller anderen Menschen hier in der Stadt. Ich bin ein Zuschauer, stehe gleichsam am anderen Ufer eines Flusses, den ich nicht überqueren kann. Ich frage mich, ob es mir auf der Stirn geschrieben steht. Indem ich die gleichen Dinge tue wie die Menschen gegenüber, auf der anderen Seite des Flusses, kommt es mir so vor, als hätte ich Anteil an ihrer Normalität. Und ich will nichts mehr als Normalität, nichts lieber als zurück in mein altes Leben.

Aber dann stelle ich doch fest, dass man mittels einer neuen Sonnenbrille auch neue Sichtweisen gewinnt, und es geht mir besser. Wir landen auf dem Balkon eines herrlichen Restaurants, essen köstlichen Fisch, und mit Chiara und meiner Schwester Claudia zusammen fühle ich mich fast wie in den Ferien. Sonne im Gesicht, Espresso vor mir. *Es fehlt nur das Pavillonorchester …*

… Sonne im Gesicht und einen Espresso vor mir. Das Pavillonorchester spielt Stücke aus seinem schier unendlichen Repertoir, deren Melodien jeder vorbeischlendernde Tourist mitpfeifen kann und die wie klebrige Zuckerwattefäden ihre Gedanken fangen und festhalten. Von »Funiculì-Funicolà« bis hin zu Ravells »Bolero« ist alles dabei, was erschöpften Touristen eine träge Nachmittagsstunde versüßen soll. Weiße Vorhänge wehen um das kleine Vier-Mann-Orchester, das etwas erhoben über den voll besetzten Tischen des Cafés am Markusplatz steht. Wie ein landendes Ufo schwebt das Orchester dort, während Jacob, Chiara, Titus und ich daran vorbeilaufen, die Szene sofort als miesen Touristenkitsch entlarven und insgeheim trotzdem hingerissen sind. Ich liebe Venedig, und es gibt einen guten Grund, hierherzufahren. Jacob wird am 2. Mai seine erste Stelle antreten. Er wird in einer Unternehmensberatung anfangen. Es ist genau das, was er wollte, genau sein Ding.

Für mich ist es quasi ein und dieselbe Zäsur, die sich immer wieder wiederholt, seit ich Kinder habe. Ob sie das erste Mal in den Kindergarten gehen, ins Internat oder ihren ersten Job annehmen: Immer ist es dieser erste Schritt und die Angst, er könnte sie vermeintlich von den Eltern wegführen, die mich in leichte Panik versetzen. Obwohl ich mich rückhaltlos mit Jacob freue, reagiere ich verlässlich mit dem reflexhaften Bedürfnis, alle meine Kinder noch einmal – wahrscheinlich das letzte Mal – bei mir und um mich haben zu wollen. Ich habe ja nicht vier Kinder bekommen, um sie möglichst wenig zu sehen, wenn sie erwachsen sind.

Für mich sind die glücklichsten, wertvollsten Tage die, die ich mit ihnen verbringe. Ungeheuerlich der Gedanke, dass ich mich später nach irgendeinem Chef werde richten müssen, der ihnen Urlaub gewährt oder auch nicht.

Venedig ist ein gutes Ziel! Chiara und ich waren schon einmal gemeinsam dort, die Jungs und Titus kennen es nicht. Wir laufen über den Markusplatz Richtung Bootsanleger und warten auf Caspar, der aus Barcelona zu uns kommt. Einen Tag später als wir. Das Studium fordert ihn sehr, und der Donnerstag ist eben doch ein Werktag. Von Weitem sehen wir das Boot an seinen Liegeplatz fahren, Caspar winkt uns zu, den Wind in seiner braunen Matte und ein breites Lachen im Gesicht.

Venedig 2016, zehn Tage vor dem Unfall: Caspar, Jacob, Chiara, Titus (v. l. n. r.)

Die Tage sind so leicht wie die wenigen Wolken am blauen Himmel. Wir sitzen in einem Café am Wasser, erzählen uns das Neueste. Die einen brauchen mehr, Caspar braucht weniger Worte dazu. »Caspar, ist alles gut bei dir?« – »Ja.« Ein schneller Doppelpass von Jacob auf Titus in Richtung Caspar und der eingespielte Humor, das brüderliche verbale

Florettfechten nimmt seinen Lauf. Ein Picknick am Rande eines Abgrunds, den wir noch nicht erahnen.

Venedig und das Leben können schöner nicht sein. Wenn da nicht die Weihnachtskarte wäre. Das Bild aller Bilder, das jedes Jahr im Advent, versehen mit den besten Wünschen, an Freunde und Bekannte und alle Menschen verschickt wird, denen man in diesem Jahr nachhaltig über den Weg gelaufen ist. Das Bild, das immer zu gestellt, das nie natürlich genug, das immer das schlechteste von einem selbst ist, das man doch eigentlich dieses Jahr ausfallen lassen könnte.

Ich würde gerne einmal in diese schönen Bilderwelten hineinhören. Wie viel Protest der Kinder, wie viele Versprechungen der Eltern jedes Jahr aufs Neue nötig sind, damit die Momentaufnahmen gelingen. Ausschließlich Erfolgsgeschichten dessen, was wir lieben: Kinder, Häuser, Hunde. Selbstmarketing, manchmal unfreiwillig komisch, selbstentlarvend, ab und zu mit einem Augenzwinkern versehen. Ich mache es nicht anders, frage mich aber, ob es nicht besser wäre, die ehrlichsten und nicht die schönsten Bilder zu verschicken.

Wozu gibt es in der Familie eine Fotografin, denke ich mir. Chiara packt ihre Kamera aus und verfolgt ihre Brüder mit dem Objektiv. Sie experimentieren, posen, rotten sich zusammen, schneiden Gesichter, auf Brücken in dunklen Ecken, als Silouetten stehen sie gegen die Sonne. Einzeln, zu zweit, zu viert. Jacob und Chiara tauschen die Plätze vor und hinter der Kamera, die in Titus und Chiara ein gutes Paar sieht, die Caspar und Jacob in dunkler Gasse mit Sonnenbrille zu mysteriösen Gangsterbossen werden lässt, die Chiaras blonde Mähne vor glitzerblauem Meer genauso wie Titus' selbstsicheren, frechen Blick einfängt. Fröhliche, leichte, glückliche Bilder – sie zeigen den Zauber des Aufbruchs, in das neue Studium, das eigene Leben, in ihr Erwachsensein.

Sie sollten den Beginn von etwas Großartigem und nicht den Höhepunkt vor dem freien Fall wiedergeben.

Diese vier Tage in Venedig erfüllen mich mit tiefster Dankbarkeit und unbändiger Freude darüber, diese Kinder haben zu dürfen. Längst sind sie für mich und vor allem auch untereinander Zuhörer, Mitdenker und Ratgeber geworden. Sie sind der Garant für jede Art von Herausforderung und Freude, sie geben den tiefsten Lebenssinn und sind Aufbruch zu einem Ufer, das ich selbst nicht erreichen werde.

Aus einer kleinen Auswahl von sicher 300 Bildern picken wir vier einzelne Porträts und ein Gemeinschaftbild für die Weihnachtskarte heraus. Lebenslustige unbeschwerte Bilder verschwimmen mit dem Gelächter unten auf der Straße vor meinem Fenster, als ich spätabends zufrieden in meinem Hotelbett liege. So soll es sein. Wir sind alle unter einem Dach. Alles ist gut …

Private Gym

Der Espresso ist kalt geworden, das Palastorchester ist nicht mehr zu hören. Nichts ist gut. Die Zeit drängt, und wir beeilen uns auf dem Weg ins Krankenhaus.

Es ist Mittag. Seit einigen Tagen denke ich darüber nach, wie schnell Gelenke sich versteifen, Muskeln und Bänder sich abbauen. Daher haben wir gestern bei den Schwestern nachgefragt, ob krankengymnastische Übungen mit Caspar durchgeführt werden. »Ja«, bestätigt Christian, ein Arzt, den wir öfter frühmorgens antreffen, »eine Krankengymnastin kommt einmal am Tag zu Caspar.« Wir hoffen, dazukommen zu dürfen, wenn sie mit Caspar arbeitet. Wir möchten uns gerne anlernen – einweisen – lassen, um diese Übungen mit Caspar so oft es geht zu wiederholen.

Schnell haben wir also eine Verabredung mit Caspars Physiotherapeutin. Sie ist sofort begeistert von unserer Idee, denn sie kommt lediglich einmal am Tag dazu, Caspars Arme und Beine durchzubewegen, meint aber, je öfter wir dies tun würden, desto besser. Ab jetzt wird also geturnt! Unsere Idee, sie bei der Ausführung der verschiedenen Übungen mit dem iPhone zu filmen, lehnt sie leider ab. Aber sie zeigt uns genau, was sie wie tut. Sie führt jede der Bewegungen langsam vor, Chiara wiederholt sie unmittelbar danach, und das filmen wir dann.

Es ist nicht kompliziert, wenn man davon absieht, wie schwer ein Bein sein kann, das sich nicht selbst hält. Wir winkeln Caspars Knie an und bewegen das Bein in Richtung Hüfte. Fünfmal hintereinander auf jeder Seite. Chiara bewegt Caspars Hände, lässt die Gelenke vorsichtig kreisen, öffnet die Hände und spreizt Caspars Finger, verschränkt ihre Finger mit seinen, dann schließt sie seine Hand wieder zu einer Faust. Sie tut dies in großer Ruhe und Zärtlichkeit.

Mit einemmal sind wir von unserer Hilflosigkeit erlöst. Jemand hat den Knopf gedrückt, und alles wechselt von passiv zu aktiv. Nicht mehr warten, aushalten, leiden, sondern Verantwortung übernehmen. Nicht herumstehen oder -sitzen, sondern etwas tun. Etwas Sinnvolles für Caspar tun zu können, setzt Kraft und Energie frei. Wir strecken seine Arme über den Kopf, heben seine Ellbogen auf Schulterhöhe, legen seine Unterarme neben seinen Kopf, öffnen so seinen Brustkorb und geben ihm dadurch mehr Raum zum Atmen.

Claudia schreibt die Reihenfolge der Bewegungsabläufe genau mit, und von nun an werden wir diese Übungen mit Caspar bei jeder Besuchszeit durchführen.

Vier Sprossen auf der Leiter

Die Nachricht des Tages jedoch ist eine ganz andere. Es gibt eine internationale Maßeinheit, um die Tiefe eines Komas festzustellen, einen Gradmesser, bei dem Punkte vergeben werden. Caspars Zustand liegt auf der Glasgow-Komaskala bei 3. Es ist eine Binsenweisheit, dass man nur Fragen stellen sollte, wenn man auch mit den Antworten umgehen kann. Das eine Ende der Skala kann ich mir schon vorstellen, und die Stufe 3 ist nicht weit davon entfernt. Nach oben offen wird sie aber sicherlich nicht sein, nur kenne ich eben den Wert des oberen Endes nicht.

Christian, der Arzt, der fast jede Nacht auf der Station verbringt, sagt mir draußen auf dem Flur nach der Krankengymnastik, dass Caspar auf der Komaskala von 3 Punkten auf 7 Punkte gestiegen ist. Das heißt, die Tiefe des Komas hat abgenommen. Sieben klingt doch schon ganz gut. Sieben Punkte sind mehr als doppelt so viel wie drei! Großartig! Es fehlen mir die Möglichkeiten, diesen Wert einzuordnen, und ich verzichte auch bewusst darauf. Ich sage jedem, dass ich nicht wissen möchte, wie lang diese verdammte Skala ist und welche Wegstrecke noch vor uns liegt. Ich will mich einfach nur freuen, dass wir uns verbessert haben.

Heute weiß ich, dass die Komaskala von 0 bis 15 Punkte reicht. Wir haben uns vom unteren Rand des untersten Drittels zum oberen Rand des untersten Drittels hochgehangelt, aber es ist immer noch das unterste Drittel. Bei 8 Punkten oder weniger auf der Glasgow-Komaskala kann man von einer schweren Funktionsstörung des Gehirns ausgehen. Heute weiß ich es – an diesem Tag auf dem Flur vor Caspars Krankenzimmer wollte ich es nicht wissen. Ich wollte ihm mit all meiner Überzeugung sagen können, dass seine Situation sich verbessert hat, und meine Freude darüber mit ihm teilen, ohne Wenn und Aber.

Gleichzeitig meldet sich eine der »Stimmen aus dem Off« wieder. Professor Schulzmüller aus Heidelberg hat seine Einschätzung der MRT-Untersuchung abgegeben. Natürlich gibt es keine 180-Grad-Wendung in der Diagnose, aber wohl in der Einschätzung alles Weiteren. Mit Nachdruck erklärt er uns, wie wichtig der klinische Verlauf als solches ist. Es gibt diese Katastrophendiagnose, es gibt aber auch die Entwicklung der letzten zehn Tage, in denen Caspar alle Hürden genommen hat. Er ist stündlich stabiler und stärker geworden, es gibt keine weitere Verschärfung seiner Situation durch starkes Fieber oder eine mögliche Lungenentzündung. Er atmet nachhaltig selbstständig. Das alles zeigt eine gute Tendenz. Caspar ist ein Kämpfer, und wir fassen trotzigen Mut.

Abends nehmen die Männer die Besuchszeit bei Caspar wahr. Mein Schwager Georg fängt beherzt an, Caspars Füße zu massieren, Jacob und Titus bewegen für ihn Arme und Hände. Georg hätte es sich wirklich niemals träumen lassen, jemals freiwillig Caspars Füße – Größe 45 – zu massieren. Sehr ernst versichert er Caspar, dies nur so lange zu tun, wie sichergestellt ist, dass Caspar sich nicht daran erinnern wird. Georgs Hände bewirken das Wunder einer sichtlichen Entspannung und zaubern Caspar eine Art Lächeln ins Gesicht.

Später, in unserem Apartment, strecken sich Georg hoffnungsvoll mehrere Paare müder Füße entgegen. Vergebens!

Hinterhofleben

Die Abende in Barcelona sind viel länger, als ich durchhalten kann. Nach wie vor hat sich bleierne Müdigkeit wie eine Schlinge um meine Beine gelegt, und ich kann mich kaum dazu aufraffen, aufzustehen, um in ein Restaurant oder spazieren zu gehen. Aber heute ist es etwas anderes. Die »Holländer-WG«, Caspars Freund Alex und seine Mitbewohner, haben uns alle zum Abendessen auf ihre Dachterrasse eingeladen. Ich freue mich sehr darüber, kenne ich doch diese sagenumwobene WG aus vielen Erzählungen von Caspar. Die Dachterrasse ist ein überbauter Innenhof, erster Stock, also nicht weit oben. Kein Blick über die Stadt, dafür viel Hinterhofleben, rauschende Stimmen, Wäscheleinen, an denen Kinderklamotten hängen. Es riecht nach vertrockneten Topfpflanzen und abgelegten Müllsäcken. An einem langgestreckten Tisch sitzen wir alle mit Gin Tonic und genießen den warmen Abend. Die Jungs grillen für uns. Caspar passt so gut hierher; ich kann genau verstehen, was er an seinem Leben hier so liebt. Seine Freunde haben alle eine gute Mischung aus Ehrgeiz und Bubenflausen im Kopf. Es macht Spaß, ihnen zuzuschauen.

Caspar fehlt entsetzlich. Er fehlt ihnen und uns, und so fangen wir an, über ihn zu sprechen. Ich erzähle unweigerlich Caspar-&-Jacob-Geschichten, Alex erzählt von einigen geworfenen Tomaten, die aus versehen woanders, nämlich an einer Fensterscheibe, gelandet sind, als von Caspar wurftechnisch vorausberechnet.

Caspar Zwo erzählt viel von ihrem letzten gemeinsamen Wochenende bei Freunden. Caspar fuhr mit seinem Motorrad dorthin, nach Adahuesca. Die beiden Caspars waren von den Eltern eines gemeinsamen Freundes für ein Wochenende in ihre Finca eingeladen worden. Es muss etwas Besonderes über diesem Wochenende gelegen haben, die erste warme Sonne, oder eine Unbeschwertheit, wie man sie vielleicht nur selten fühlen kann. Am Telefon hat Caspar von diesem Wochenende geschwärmt.

Ich gehe früher als die anderen zurück. Obwohl ich den Abend sehr genossen habe, tut es mir gut, etwas allein durch die Straßen zu laufen. Wenig später erreiche ich unser Viertel. Vor dem Supermarkt ist eine kleine Bühne aufgebaut. Eine Band spielt wahrscheinlich die spanischen Top-Ten-Charts, die sich nicht so sehr von unseren unterscheiden, jedenfalls kenne ich einige Lieder. »Raging«. Ich mag den Rhythmus, ich mag das Drängende, wie sich die Melodie des Synthesizers lauter und voller werdend immer weiter nach vorne wälzt und mich mitzieht. Ich tanze ein klein wenig mit allen anderen auf der Straße mit, traue mich kaum und tue es doch. Ich nehme diese weiterdrängende Lebendigkeit mit mir in mein Apartment. Es geht weiter, es wird weitergehen.

Reise mit kleinem Gepäck

Es geht weiter

Heute muss Hänschen wieder zurück nach Iffezheim. Die Klinik kommt nicht länger ohne ihn aus. Der Abschied fällt mir schwer, fällt ihm schwer, aber es hilft nichts.

Jedes Mal, wenn eines meiner Geschwister abreist, fühle ich mich allein. Wie ausgesetzt, zurückgelassen, allein zurückgelassen, ohne zu wissen, wie ich hier weitermachen soll. Aber es geht weiter, und die Unterstützung, die wir erfahren, reißt wundersamerweise nicht ab.

Vile kommt. Vile, seit vielen, langen Jahren Freundin der Extraklasse. Und ohne dass jemand etwas erklärt oder bespricht, finden sich alle als ein Team zusammen. Jeder erfasst instinktiv seinen Platz, und es entsteht ein konstruktives »Miteinander Arbeiten« für uns, für Caspar. Seit einigen Tagen beschäftigen Claudia, Chiara und ich uns nachdrücklich mit der Suche nach einem »Wie geht es weiter« in Deutschland. Fragen ziehen im Hinterkopf auf. Was kommt nach Caspars Zeit auf der UCI hier im Uniklinikum in Barcelona? Wann ist er transportfähig? Wann ist er in der Lage, eine Reha zu beginnen? Mittlerweile wissen wir, dass es richtig wäre, wenn er so früh wie möglich eine neurologische Reha beginnen würde. Aber wo? Was heißt früh, und was ist zu früh? Mithilfe der guten Geister aus dem Off versuchen wir, Antworten zu finden.

Michael, Chiara und ich haben heute die Frühschicht bei Caspar übernommen. Er sieht schläfrig und müde aus. Ich kann es ihm ansehen und bin ganz beruhigt. Seit Tagen atmet er selbstständig, ruhig und sicher, sein Herz schlägt stabil, der Kreislauf ist gut.

Als ob sie meine Gedanken gelesen hätte, meint eine der Krankenschwestern, dass es langsam Zeit wird, Caspar von der Intensivstation auf eine normale Krankenstation zu verlegen. Das Risiko, sich hier auf der UCI Keime einzufangen, überwiegt die Notwendigkeit seiner intensiven Überwachung. Diese Idee beunruhigt mich sehr. Es hat sich eine Gewöhnung, fast eine Geborgenheit hier auf der Intensivstation bei mir eingestellt. *Hier überlebt Caspar!* Die Aussicht, dass er von hier verlegt wird in einen anderen Bereich des Krankenhauses, erscheint mir zunächst eher besorgniserregend als erfreulich. Wie kann es sein, dass ich einen Ort, der mich so sehr das Fürchten gelehrt hat, nun nicht mit großer Freude verlassen will?

Unwillkürlich denke ich an die Tage, als ich mit den neugeborenen Zwillingen im Krankenhaus lag. Ich beobachtete mich damals selbst und wartete auf den berühmt-berüchtigten dritten Tag, an dem jede junge Mutter angeblich in einem Meer aus Tränen und Hormonen versinken soll. Ich ertrank an meinem dritten Tag als Mutter nicht, lag fröhlich in meinem Bett und schaute siegessicher in das Babybettchen mit den beiden Buben, aber nicht über den Tellerrand des Tages hinaus. Denn am vierten Tag meines Heldenmutterdaseins kam die Nachricht unserer Entlassung. Es erwischte mich so kalt, dass ich aus dem Stand in

Tränen ausbrach. Ich wollte nicht nach Hause. Die gesamte geburtshilfliche Abteilung ging so liebevoll und geschickt mit meinen Babys um, dass ich davon überzeugt war: Von hier an kann es nur noch schlechter für die Jungs werden.

Ich erinnere mich genau daran. Am liebsten hätte ich Caspar und Jacob im Krankenhaus gelassen. Nicht weil ich sie nicht liebte, sondern weil ich dachte, es ginge ihnen nirgendwo besser als hier! 26 Jahre später weiß ich, dass sie ihre Kindheit überlebt haben, und das gar nicht mal so schlecht. So wird es auch jetzt sein!

Während unserer Frühstücksrunde beratschlagen wir gemeinsam. Wir können immer noch nicht absehen, was als Nächstes kommt und wie lange Caspar in Barcelona bleiben muss. Aber die Aussicht auf seine Verlegung gibt uns jedenfalls die Sicherheit, ihn stabil außer Lebensgefahr zu wissen. Das ist ein möglicher Punkt, an dem es, auch für alle anderen, Zeit wird, darüber nachzudenken, in ihr Leben zurückzukehren.

Jacob hat seine erste berufliche Stelle am 2. Mai in München angetreten. Soll er zurück in den Job? Kann er zurück? Wird er psychisch dazu in der Lage sein? Seine Einführungswochen in der Unternehmensberatung sind vorbei. Die neugewonnenen Kollegen werden alle schon auf verschiedene Projekte verteilt sein. Titus muss wieder nach Maastricht an seine Uni. Er hat Seminare und Prüfungen verpasst. Klar ist, dass ich mit Caspar in Spanien bleibe, wie lange auch immer. Michael muss zurück zu seinen Baustellen. Gerade beginnt die Aufstockung eines Geschäftshauses. Es ist eine komplexe Baustelle. Wer koordiniert die Handwerker und kontrolliert die Architekten? Meine Geschwister müssen zu ihren Familien, in ihren jeweiligen Alltag. Alles geht weiter. Das Leben geht weiter. Nur Caspar und ich scheinen aus der Zeit gefallen zu sein. Mein Alltag – unser Alltag – ist nun hier. Ich werde Spanisch lernen, und ich werde mich hier organisieren.

Eine mögliche Abreise der »Caspar Task Force« verdichtet sich auf den kommenden Mittwoch, den 25.5. – überübermorgen. Von Donnerstag kommender Woche bis Sonntag findet ein großes Familientreffen meiner Familie in Österreich statt. Jacob und Titus werden dorthin gehen, ihre Vettern und Cousinen genießen und ein fröhliches Fest und die Nacht durchfeiern. Jacob fliegt direkt nach München, Titus wird mit seinem Vater nach Köln fliegen. Ihnen allen fällt schon allein die Vorstellung einer Rückkehr unendlich schwer.

So springen die Gedanken an diesem Sonntagvormittag von einer Minute zur nächsten Tausende Kilometer weit. Es sind so viele verschiedene Möglichkeiten gleichzeitig vorzubereiten, auch wenn diese sich gegenseitig ausschließen. Abreisen und Hierbleiben. Reha-Klinik in Deutschland suchen, Reha-Klinik in Barcelona suchen.

Die verschiedenen Krankenkassen und Versicherungen melden sich. Wir haben auch noch keinen Überblick über die rechtliche Seite des Unfalls. Rückrufbitten, E-Mails, Fragebögen – alles türmt sich auf dem Wohnzimmertisch und will beachtet werden.

Wir ziehen mehrere Kliniken in Süddeutschland in die engere Wahl und ein neurologisches Institut in Barcelona. Mit noch so viel Fantasie kann sich keiner von uns vorstellen, wie eine neurologische Reha auf Spanisch für Caspar funktionieren soll. Claudia hat in München eine Freundin, die Neurologin ist. Sie führt uns durch den Dschungel der Frage- und Bewerbungsbögen der einzelnen Reha-Institute. Ich hatte ja keine Ahnung, dass man sich um einen Platz in einer Reha-Klinik auch noch bewerben muss, als wäre es nicht Strafe genug, dass man überhaupt in so eine Einrichtung gehen muss. Aber es hilft nichts, und wir schreiben Bewerbungen für Caspar. Während wir dies tun, bin ich innerlich jedoch noch gar nicht entschieden, ob das überhaupt der richtige nächste Schritt ist. Es stellt sich durchaus die Frage, ob es nicht richtiger wäre, ihn zuerst in eine große deutsche unfallchirurgische Klinik zu bringen, um noch mal seine gesamte Situation abklären zu lassen.

Zentnerschwer fühle ich die Verantwortung auf mir lasten. Nur jetzt keinen Fehler machen. Ich habe den Eindruck, dass ich, der medizinische Grünschnabel zwischen lauter Ärzten, die wesentlichen Entscheidungen allein treffen muss. Lieber Gott, stehe mir bei!

Mit diesen Gedanken und schweren Köpfen sitzen wir wie gewohnt in unserem Frühstückscafé. Das schöne Wetter hält sich, und ich freue mich auf die belegten Brötchen und den frischen Orangensaft. Ich sitze am Computer. Chiara hat sich noch einmal schlafen gelegt, während Claudia die nächste Besuchszeit um 13 Uhr übernimmt.

Gegen 14 Uhr kommt sie zurück in unser Apartment und berichtet, dass die Ärzte um 14.30 Uhr mit uns sprechen möchten. Ich höre nur diese Information und bekomme sofort Schweißausbrüche und Herzrasen. *Oh mein Gott, was gibt es jetzt?* Diesmal nutzen wir die kurze Zeit für eine bessere Vorbereitung. Wir schreiben unsere Fragen auf und machen uns mit Papier und Kugelschreiber bewaffnet auf den Weg. Ein Wunder dieser Tage ist, dass Raimund es immer ermöglichen kann, zu kommen, wenn wir ihn brauchen.

Es ist wie ein Déjà-vu. Wieder finden wir uns vor dem Eingangsbereich der UCI. Jeder lehnt in einer Fensternische, alle sind nervös. Raimund übersetzt. Lucas führt diesmal nicht das Gespräch. Aber egal, wer gerade vor mir sitzt, ich bin hochgradig angespannt.

Es bewahrheitet sich, was wir schon durch die Schwestern heute früh erfahren haben. Caspar soll aus der Intensiv- auf die neurologische Station verlegt werden. Bedeutet das, dass er transportfähig ist? Was passiert auf der neurologischen Station? Ich kann es mir kaum vorstellen, dass Caspar, der seit Wochen umringt von Monitoren und Computern ist, einfach so in einem regulären Zimmer liegen soll. Nachts im Dunkeln und ohne jegliche Überwachung. Nein, erklärt uns der Arzt, das sollte auch nicht so sein, denn die Angehörigen lassen in der Regel den Kranken hier nicht allein. Sie setzen sich rund um die Uhr an das Krankenbett, passen auf und zählen sozusagen jeden Atemzug.

Ich bin wie vom Donner gerührt und beglückwünsche mich zu dieser Perspektive. Jetzt, da wir gerade darüber sprechen, dass es Zeit für Caspars Geschwister ist, in ihren Alltag zurückzukehren. Ich werde in ein paar Tagen allein in Barcelona sein. Mit Chiara und bestenfalls noch einer Freundin soll ich eine 24-Stunden-Betreuung auf die Beine stellen? Mir ist klar, es besteht jetzt kein Zweifel mehr, dass es höchste Zeit ist, Caspar nach Deutschland zurückzubringen. Ich vergewissere mich noch einmal ausdrücklich, dass Caspar transportfähig ist. Ja, das ist er! In dem Moment, in dem er auf eine reguläre Krankenhausstation verlegt werden kann, kann er theoretisch auch nach Hause!

Chiara und Titus bringen an diesem Nachmittag die wirklich guten Nachrichten. Im Gegensatz zu mir erleben die beiden Caspar etwas wacher. Er versucht ein Auge zu öffnen. Chiara und Titus geben Caspar abwechselnd die Hand, und sein Daumen sucht ihren Daumen, Caspar hält die Spannung zwischen seinem rechten Daumen – es ist immer sein rechter Daumen – und dem rechten Daumen seiner Geschwister. Das ist echte Kommunikation. Das ist der seidene Faden, an dem wir ihn packen können. Es gibt Antworten auf einige Fragen. Am wichtigsten die Frage: »Caspar, hörst du uns?« Da kommt ein kleiner Druck, wie ein Pulsschlag, als Antwort. »Hast du Schmerzen?« Diesmal bleibt der Druck, die kleine Anspannung des Daumens, aus. Jede Antwort ist ein Universum an Möglichkeiten. Nun glauben wir es nicht nur. Nein, wir wissen, dass er gut mit Schmerzmitteln versorgt ist, so weit wie möglich entspannt liegen kann. Er hört uns und weiß, nicht nur unbewusst, dass er nicht allein ist. Wir hören nicht auf, mit Caspar zu sprechen, und langsam kommt nicht nur Bewegung in seinen Daumen, sondern in den rechten Unterarm. Seine Hand sucht und tastet nach etwas und fordert, eine andere Hand zu finden, um sie zu halten. Und dann stellen sich sofort die Daumen gegeneinander hoch auf und stützen sich. Ein Leuchtturm, ein klitzekleiner Leuchtturm, dessen Schimmer man doch nachts sehen kann.

Aufbruch

Caspar ist transportfähig! Wir brauchen nur ein Flugzeug – woher nehmen und nicht stehlen?

Seit seinen Kindertagen hat Caspar – für alle Fälle – eine gute Krankenversicherung inklusive eines Rücktransportes im Krankheitsfall. Vor jeder Auslandsreise habe ich mich dessen versichert. Immer wieder habe ich mir dies für jedes meiner Kinder bestätigen lassen. Daher gehe ich nun davon aus, dass es diesbezüglich kein Problem geben wird. Die

Krankenkasse hat alle Diagnosen und Befunde. In meinen Gedanken sind die zwingenden Gründe, die einen Transport – einen Flug – nach Hause notwendig machen, mannigfaltig. Die Krankenkasse soll sich davon heraussuchen, was ihr gefällt. Darüber gibt es in den Gesprächen auch Übereinstimmung, denke ich, bis zu dem Augenblick, da ich auf ein ganz grundlegendes Missverständnis meinerseits gestoßen werde.

20 Jahre lang habe ich in dem Glauben gelebt, dass, wenn meine Kinder eine Krankenversicherung mit Rücktransport im Krankheitsfall haben, sie nach Hause gebracht werden, wenn sie schwer erkrankt sind, wenn es ihnen nur schlecht genug geht.

Was für ein naiver Irrglaube!

Rücktransport im Krankheitsfall bedeutet, dass der Transport nach Deutschland von unserer Krankenkasse übernommen wird, wenn sich die medizinische Versorgung im Ausland, in ihrer Art und Qualität, eklatant von der medizinischen Versorgung in Deutschland unterscheidet. Wenn also jemand in der Uniklinik in Barcelona liegt und dort versorgt wird, kann man schlechterdings kaum darstellen, dass die Versorgung unter dem Niveau deutscher Kliniken ist.

Zu ist die Mausefalle!

Claudia und ich schieben »Büro«-Dienst. Jacob und Michael organisieren den Rücktransport von Caspars Motorrad »The Beast«. In zwei Etappen war Caspar nach den Weihnachtsferien mit dem Motorrad von Köln aus nach Barcelona gefahren. Öfter sicherlich auch den Berg hinauf zur Uni, aber vor allem in das so besonders schöne Wochenende mit Caspar Zwo nach Adahuesca. Michael, Jacob und Titus haben Caspars Wohnung aufgeräumt. Alle meine Geschwister, die hier vor Ort waren, sind mit einem Zusatzkoffer nach Deutschland geflogen, und so haben wir nach und nach Caspars persönliche Dinge nach Hause geschafft. Bis jetzt möchte ich seine Wohnung nicht sehen und halte fest an dem Gedanken, dass Caspar sie mir einmal selbst zeigen wird. Ich weiß natürlich, dass dies alles nötig ist, und bin Michael und den anderen dankbar, dass sie diese Arbeit schon seit einigen Tagen in Angriff genommen haben.

Während wir also mit vielen organisatorischen und logistischen Dingen beschäftigt sind, warten wir auf Antworten von der Krankenkasse, von den angeschriebenen Reha-Kliniken, von den Ärzten in Deutschland. Das Pendel schlägt eindeutig in Richtung Unfallchirurgie. Die Unfallchirurgie in Heidelberg wird seine nächste Station sein. Dort soll er noch einmal von links auf rechts gedreht werden. Wir hoffen auf eine Bestätigung der spanischen Diagnosen. Wir wünschen uns die positive Einschätzung, dass er die Belastungen einer Frühreha durchstehen kann.

Da kommt es plötzlich schwarz auf weiß in mein E-Mail-Postfach geflattert, eine Nachricht der Krankenkasse. Sie schreibt, dass es aus ihrer Sicht keinen Grund gibt, der eine Verlegung von Caspar nach Deutschland erfordert. Caspars medizinische Versorgung ist seiner Lage angemessen gut. Ja, das stimmt! Niemand weiß so gut wie ich, was die Klinik hier für Caspar getan hat.

Ich muss einmal tief durchatmen und sehe, dass besondere Situationen besondere Maßnahmen erfordern. In dem festen Willen, diese Antwort so nicht stehen zu lassen, laufe ich ins Krankenhaus. Ich habe mir zwei Dinge vorgenommen.

1. Ich will erreichen, dass Caspar so lange auf der Intensivstation bleiben kann, bis wir einen Weg gefunden haben, ihn nach Deutschland zu fliegen.
2. Ich will überhaupt einen Weg finden, der die Reise nach Deutschland schnellstens ermöglicht.

Mit dem Mut der Verzweiflung, voll innerer Verve, rausche ich im Arztzimmer der UCI an und finde dort ausgerechnet Dr. Lucas vor. Ich bitte ihn um einen Moment unter vier Augen und schildere ihm die Lage. Zunächst ist auch er völlig ratlos. Er weigert sich sofort, mir zu bescheinigen, dass die Uniklinik in Barcelona schlechtere Arbeit leistet als eine Uniklinik in Deutschland. Ich kann ihn beruhigen und versichere ihm, dass es auch nicht meine Absicht gewesen sei, ihn um so eine Bescheinigung zu bitten. Aber er kann doch etwas anderes schreiben, verschreiben. Er hat nun über drei Wochen hindurch erlebt, wie entscheidend und wichtig die Anwesenheit der Familie für Caspar war und ist. Wäre es eine Möglichkeit, Caspar den Beginn einer neurologischen Frühreha zu verschreiben unter Einbeziehung seiner ganzen Familie? Ginge das? Ich lege meine ganze Überzeugungskraft in diese Bitte. Dr. Lucas lässt sich darauf ein. Er schreibt diese ärztliche Anweisung gleich auf Englisch, und eine Stunde später liegt sie als E-Mail auf dem Schreibtisch des Sachbearbeiters unserer Krankenkasse.

Und es funktioniert tatsächlich. Noch am selben Tag kriegen wir die Zusicherung einer Kostenübernahme für einen Flug nach Deutschland. »Sie haben jetzt die Möglichkeit, den Transport ihres Sohnes selbst zu organisieren, eventuell haben Sie Verbindungen zu Fluggesellschaften«, höre ich den Sachbearbeiter sagen. Ich kann unmöglich so dumm aussehen, wie ich mich fühle. Ich glaube einfach nicht, was ich da gehört habe.

Wir brauchen ein Flugzeug. Nicht irgendeines, sondern eines mit einer integrierten Intensivstation, einem Intensivmediziner und einer Intensivkrankenschwester als Begleitung an Bord. Wir legen unsere Gedanken auf den Tisch und versuchen, uns darüber klar zu werden, welche Möglichkeiten es gibt. ADAC, denke ich zuerst. Alle Kinder haben auch dort eine Rückholversicherung, »... nur Caspar nicht, er ist im letzten Jahr ausgetreten!«. Ich sage das fast beiläufig, und die Runde bricht bei diesem Kommentar in hysterisches Gelächter aus. Mein Bruder Philipp ist über den Telefonlautsprecher mit im Raum, und wir überlegen fieberhaft. Da fällt mir ein guter Freund ein, der lange an einer entscheidenden Stelle beim Roten Kreuz gearbeitet hat. Ich rufe ihn an, und ohne zu zögern setzt er alle Hebel in Bewegung.

Währenddessen sitzt mein Bruder in seinem Büro am Bodensee und findet im Internet die TAA, die Tyrol Air Ambulance. Ich gebe ihm eine Vollmacht, und er koordiniert nun alle Akteure. Es liegen mehrere Eisen im Feuer, und keiner der angesprochenen Flugrettungsdienste lehnt direkt ab. Wir müssen auf das entsprechende Wetter warten, es müssen Start- und Landeerlaubnis eingeholt, die Flugroute abgeklärt werden. Ganz wichtig und entscheidend ist es für uns zu wissen, in welcher Höhe Caspar transportiert werden darf. Unterhalb 2000 Metern Höhe oder oberhalb. Der Druck kann sich negativ auf Caspars Schädel-Hirn-Trauma auswirken. Ein Flug oberhalb der 2000-Meter-Grenze bedeutet eine reguläre, normale Flugroute und eine dementsprechend normale Flugzeit. Unterhalb dieser Marke müsste einer besonderen Strecke, die auch längere Zeit in Anspruch nimmt, gefolgt werden.

Wir arbeiten stur unsere Liste aller offenen Fragen ab. Jedes geklärte Detail geben wir sofort an Philipp weiter, und er setzt das Puzzle zusammen. Unter ruheloser Anspannung setzen wir alle Hebel in Bewegung, und je konkreter sich alles entwickelt, desto heftiger werden meine Zweifel, wirklich das Richtige zu tun. Gefährde ich Caspar nicht doch zusätzlich, nur weil ich mich nicht in der Lage sehe, 24 Stunden Wache bei ihm zu schieben?

Noch etwas ganz anderes treibt mich um und beschäftigt mich zusätzlich. Diese drei Wochen Barcelona haben allen, aber besonders uns, Caspars Eltern und Geschwistern, einen Stempel auf die Seele gedrückt. Vielleicht wird dieser Stempel mit der Zeit blasser werden, aber ich bin davon überzeugt, dass er nie ganz verschwinden wird. Wir stehen, wenn nicht an einem Wendepunkt, dann doch an einer Zäsur unserer Familiengeschichte. Es gilt, diese besonderen Momente, diese Abschnitte, diese Einschnitte als solche wahrzunehmen. Es ist unsere Aufgabe, ihnen den Raum zu geben, den sie brauchen, damit wir sie bewusst wahrnehmen können und sie ihren Platz in unserer Lebensgeschichte bekommen. Wir müssen diesen Momenten nicht nur ihren Platz zuweisen, sondern sie aktiv in unsere Lebensgeschichte integrieren.

Es ist mir ein wirkliches Anliegen, Caspars Geschwister so frei und so unbelastet wie möglich in ihr eigenes Leben zurückkehren zu lassen. Sie haben für ihr Alter Außerordentliches erfahren und geleistet. Sie haben tagelang um das Leben ihres Bruders gefürchtet, sie haben ihren Eltern beigestanden, jetzt müssen sie sich ohne schlechtes Gewissen und ohne Bitterkeit auch wieder um sich selbst kümmern dürfen. Caspar würde nicht wollen, dass sie sich selbst vergessen.

Daher wünsche ich mir sehr, dass wir den Aufbruch aus Barcelona, den Abend, bevor wir uns voneinander trennen, dazu nutzen, noch mal darüber zu sprechen, was geschehen ist. Was hat jeder von uns erlebt, wie kann es für uns weitergehen? Was haben wir für Verpflichtungen, wo sind wir frei?

Ich möchte Jacob, Chiara und Titus danken und sie mit einem guten Gefühl ziehen lassen in der Gewissheit, alles in dieser Krise getan zu haben, was ihnen möglich war, und noch viel mehr darüber hinaus.

So in etwa drücke ich es aus, als ich mit Father Pep Maria telefoniere. Er versteht, was ich meine, und wir verabreden uns für den nächsten Abend.

Fast schon routinemäßig schaut Alex zum Abendessen vorbei. Wie hat er sich bewährt in den letzten Wochen! Mit Alex und Drinks kommt der Tag zur Ruhe.

Letzter Tag

Ohne dass ich es weiß, bricht der letzte Tag für uns in Barcelona an. Hätte ich genauer hingesehen, wenn ich es gewusst hätte? Hätte ich die täglichen Wege bewusster wahrgenommen? Vielleicht. Der Tag, der in aller Routine anfängt, endet in Stress und größter nervlicher Anspannung. 5.30 Uhr aufstehen. Um 7 Uhr im Krankenhaus sein. Caspar wirkt verschlafen. Michael und Alex suchen immer noch nach einer geeigneten Spedition, die das Motorrad mit nach Deutschland nehmen kann. Sie vergleichen Angebote und diskutieren Übergabeorte und Zeitabläufe.

Vile schmeißt den Haushalt für uns alle. Es ist eine Wonne, sich an ihre besonders schön gedeckten Tische zu setzen, und es tut allen gut. In diesen zweitklassigen Touristenapartments macht sie aus der Essecke ein Esszimmer und aus dem Tisch eine Tafel wie aus einer französischen Käsewerbung.

Mit Milchkaffee bewaffnet setzen wir uns in der Wohnzimmerecke an den Computer und ans Telefon und sind fest entschlossen, wie Don Quijote den Windmühlen der deutschen Bürokratie die Stirn zu bieten.

Und tatsächlich bekommen wir einen Eckstein nach dem anderen zu fassen, das gesamte Bild vervollständigt sich allmählich. Es gibt eine verbindliche Antwort einer unfallchirurgischen Uniklinik in Heidelberg. Sie sagen ein Bett für Caspar zu, und der Professor wartet auf ihn. Alle Röntgenbilder-Scans und MRT-Befunde sind bereits vor Ort, sodass alle über die Situation im Bilde sind.

Die Bestätigung der Übernahme der Transportkosten seitens der Krankenkasse kommt nicht nur mündlich, sondern jetzt auch in schriftlicher Form. Und nur die zählt.

Um 11 Uhr gehen wir ein letztes Mal in die Messe. Ich bin einige Minuten vor Beginn des Gottesdienstes in der kleinen Kapelle. Ich möchte dem Priester sagen, dass es Caspar soweit gut geht, jedenfalls gut genug, dass wir ihn nach Deutschland bringen dürfen. Wir können uns kaum verständigen, mit etwas Englisch und Italienisch geht es einigermaßen. Am Ende der Messe vor dem Schlusssegen weicht der Priester von seinem Konzept ab, schaut uns an und entlässt uns besonders herzlich. Er verabschiedet sich von seinen deutschen Freunden, von der großen deutschen Familie, die hier um ihren Sohn gebangt hat. Er wünscht uns Gottes Segen und alles Gute. Beim Verlassen der Kapelle haben wir beide Tränen in den Augen.

Aus der UCI, drei Stockwerke oberhalb der Kapelle, hören wir, dass Caspar versucht, seine Augen zu öffnen. Ein klein wenig. Es ist schwierig, da die Augen noch von Creme verklebt sind, aber er versucht es.

Auch möchte er wieder, dass wir seine Hand halten. Die Tendenz der Entwicklungen stimmt. Ich bin überzeugt davon, dass Caspar sich jeden Tag ein Stückchen näher an die Oberfläche kämpft.

Philipp ist im Gespräch mit dem ADAC, dem Roten Kreuz und TAA. Alles hängt noch buchstäblich in der Luft, Genaueres weiß man nicht, wir müssen warten. Sowohl das Krankenhaus als auch die verschiedenen Fluggesellschaften bereiten uns aber darauf vor, dass es eine gute Woche dauern kann, bis sich ein Flug organisieren lässt. Leider gibt es keinerlei Empfehlung für die eine oder gegen die andere Fluglinie. Wir vertrauen ganz und gar Philipps Eindrücken und Einschätzungen. Steht erst einmal der Flug, dann sprechen die abgebenden und die übernehmenden Ärzte miteinander. Ich möchte wissen, ob wir einen Dolmetscher dazu organisieren müssen oder ob wir nichts zu unternehmen brauchen.

Chiara schreibt ein »Update« in die Caspar-Gruppe auf Facebook:

Ihr Lieben, Caspar lag in den letzten Tagen weiterhin stabil und ruhig hier in Barcelona. Die Ergebnisse des MRT haben die neurologischen Verletzungen bestätigt. Während der vergangenen Tage haben wir uns vorsichtig über kleine Zeichen gefreut. Wir glauben fest, dass Caspar unsere Anwesenheit spürt. Wir erzählen ihm oft, wie sehr Ihr an ihn denkt, und danken Euch allen für Eure große Unterstützung! Euer Jacob, Titus und Eure Chiara

Chiara und Jacob schreiben immer wahrhaftig, damit die aufrichtig besorgten Freunde nicht im Unklaren sind, aber sorgfältig darum bemüht, die Privatsphäre ihres Bruders nicht zu verletzen.

Nachmittags gegen fünf Uhr kommt die Nachricht! Sie kommt unerwartet früh und schlägt ein wie eine Bombe.

Philipp hat Zugriff auf drei Flugzeuge, die bereitstehen, um Caspar zu holen. Er empfiehlt die Tiroler Luftrettung. Morgen früh um 7 Uhr soll es losgehen. Wir freuen uns im gleichen Maße, wie wir komplett überrumpelt sind. Damit hat niemand gerechnet. So schnell, so früh! Zu schnell? Zu früh? Mir kommen massive Bedenken. Philipp sieht das schon kommen. Er ruft unsere Schwester Claudia an und bittet sie inständig, uns davon zu überzeugen, diese Möglichkeit, Caspar ausfliegen zu lassen, anzunehmen. Direkt aus der Intensivstation raus, in einen Flieger hinein, ab nach Deutschland. So eine Entscheidung habe ich noch nie getroffen.

Wir besprechen Caspars Situation und wägen ab. Was gewinnt er, wenn er noch ein paar Tage hierbleibt und stabiler wird? Wie hoch ist das Risiko, sich einen Krankenhauskeim oder sonst etwas Unerfreuliches einzufangen? Wenn wir die Chance jetzt nicht nutzen, wann bietet sie sich das nächste Mal? Vielleicht klappt es dann gar nicht mehr? Vielleicht überlegt es sich die Krankenkasse – oder einer der täglich wechselnden Sachbearbeiter – wieder anders? Einer kurzen Debatte folgt eine klare Entscheidung: Wir tun es! Wir springen alle zusammen ins kalte Wasser! Ich werde morgen in aller Herrgottsfrühe mit Caspar nach Deutschland fliegen.

Was soll Caspar anziehen? Er hat hier keine Kleider mehr. Etwas packen müssen wir aber doch für ihn. Leider habe ich auch keinen kleinen Handgepäckkoffer mehr für ihn.

Packen ist ein gutes Stichwort. Ich schaue mir unser Apartment an und sehe mit einem Schlag, was wir alles hier hineingetragen haben. Von einer Kaffeemaschine angefangen über die Klamotten von uns bis hin zu schärferen Küchenmessern, von dem Drucker ganz zu schweigen. Was machen wir damit?

Michael, Jacob und Titus haben schon vor zwei Tagen ihre

Flüge nach Deutschland gebucht, es fehlen also nur noch Claudia, Chiara und Vile. Alles klappt, kurze Zeit später ist jeder von uns auf eine Maschine in Richtung Deutschland gebucht. Chiara fliegt am frühen Nachmittag ebenfalls nach Frankfurt, und ich werde sie dann abends im Krankenhaus in Heidelberg wiedertreffen.

Ich packe für mich eine kleine Tasche und kaufe für Caspar einen kleinen orangen Handgepäckkoffer. Es sind weniger Kleider, die wir für ihn packen, sondern all die Schätze, die um ihn herum sind. Jedes Bild, jedes Foto, ein Muttergottesbild aus der Sagrada Familia packe ich ein, die Briefe der Kommilitonen und Freunde. Den USB-Stick mit seiner Musik, die Strümpfe, alles raffen wir zusammen. Seine Schuhe trägt er nach wie vor im Bett. Alles möchte ich in Deutschland wieder um ihn herum aufbauen, damit er gleich die Dinge um sich hat, die ihm eine Idee davon geben sollen, wer er ist, wenn er nur endlich aufwachen würde.

Es geht Richtung Abendessen, Vile hat Köstliches vorbereitet, als Alex vorbeikommt. Irgendjemand hat die Idee, all die Dinge, die wir nicht nach Deutschland mitnehmen wollen oder können, Alex und seiner WG anzubieten. Alex freut sich, und sofort gewinnt die Holländer-WG enorm an Ausstattung. Morgen früh kommt er mit seinen Jungs und holt ab, was er brauchen kann. Er übernimmt ebenfalls den Schlüssel zu Caspars Motorrad und die Aufsicht über das Verladen der Maschine.

So wird dieser Abend nicht nur für uns als vollzählige Familie der letzte Abend in Barcelona, sondern wirklich für alle der letzte gemeinsame Abend. In unserem zweiten Apartment wartet Father Pep Maria auf uns. Wir hatten uns für den frühen Abend verabredet. Wir sind allein mit ihm, und in dem Moment, in dem ich eine Kerze anzünde, hören die Gedanken auf zu rattern, und etwas Ruhe stellt sich bei mir ein. Jeder spricht der Reihe nach, und egal was ich auch nur denke, mir kommen sofort die Tränen. Pep Maria fasst es gut zusammen: »Leave Caspar, for Caspar« – wenn ihr geht und euer Leben lebt, dann könnt ihr zu eurem Bruder zurückkehren und ihn an eurem Leben teilhaben lassen. Caspar und sein Schicksal werden für keinen von uns eine Ausrede dafür sein, das Leben nicht aktiv zu gestalten und es nicht in die Hand zu nehmen.

Was wird Barcelona für uns später bedeuten? Was haben wir hier eigentlich alles erlebt? Wir haben um Caspar gebangt und geweint und unaussprechliche Ängste ausgestanden.

Aber ist es nicht auch genauso wichtig, all das Positive zu sehen, das wir – vom Himmel – genau zur richtigen Zeit geschenkt bekommen haben? Die Menschen, die uns hier begegnet sind – war nicht jede einzelne Begegnung ein großes Glück? Sind sie uns nicht alle so ans Herz gewachsen, als ob wir uns jahrelang kennen würden? Wann haben wir jemals so eine Hilfsbereitschaft erlebt? Wann haben so unglaublich viele Menschen jemals Gott für uns bestürmt? Gebetet, dass wir Caspar nicht hergeben müssen. Gebetet, dass Gott uns halten möge. Und haben uns diese vielen Gebete nicht wirklich getragen?

So viel Freundschaft, Unterstützung und Liebe haben wir erfahren von Menschen, von denen wir es erwarten dürfen, genauso wie von Menschen, denen wir nie zuvor im Leben begegnet sind.

Ich möchte nicht, das Barcelona die Stadt wird, die man nicht nennt. Ein weißer Fleck auf unserer Landkarte. Wochen, die wir nie mehr erwähnen werden. Man kann es nennen, wie man will. Ist es Zufall? Ist es Schicksal? Oder wirkt Gott in unser Leben hinein, wenn wir ihm vertrauen?! Ich, für mich, habe keinen Zweifel, und so versuche ich die Kinder dazu zu ermutigen, die Zeit hier in Barcelona nicht nur als Drama zu sehen, sondern als eine Zeit, in der wir Gottes Beistand und in einem Übermaß familiäre Zuwendung, Liebe und Freundschaft intensiv erleben durften.

Gut, der österreichische Teil meiner Familie sagt jetzt: »Der liebe Gott bewahre uns vor allem, was ›auch noch ein Glück‹ ist.« Dieser irrwitzige Gedanke vom Glück im Unglück, den man wirklich strapazieren kann. Aber Gegensätze bedingen sich. Man erkennt das eine ohne das andere nicht. Wir haben alle eine steile Lernkurve in Gottvertrauen hinter uns gebracht, und leider bekommt man diese Lebens-Lern-Stunden nie in den Sommerferien auf einem Liegestuhl mit einem Glas Campari in der Hand dargereicht.

Wir beten zusammen, und mit Gottes Segen starten wir hier von Barcelona aus zurück in unser Leben, voller Mut, Dankbarkeit und Hoffnung.

Um 23 Uhr kommt die Nachricht bei uns an, dass der Flug verschoben wurde. Caspar und ich fliegen nun nicht morgens um 8 Uhr, dafür aber um 13 Uhr. Das hört sich viel besser an. Ich bin irgendwo zwischen übermüdet und aufgeregt und ärgere mich, dass ich nicht einschlafen kann, drehe mich so lange von einer Seite auf die andere, bis der Telefonwecker sich meldet.

Abschied

Es ist alles so schnell gegangen, dass ich Raimund erst gestern am frühen Abend eine Textnachricht schicken konnte. Ich fürchte sehr, ihn nicht mehr zu sehen und mich nicht von ihm verabschieden zu können. Ohne ihn wären diese Tage unendlich schwerer gewesen. Ohne zu wissen, wer und was ihn erwartet, ist er in diese Situation gesprungen, um uns zu helfen. Mit seiner Ruhe und Wärme hat er mit mir jenen ersten Tag hier in Barcelona durchgestanden und so viele weitere. Was ist ein angemessener Dank? Ich kann es ihm wahrscheinlich nie angemessen danken, würde mich aber so gerne von ihm verabschieden.

Ein frühes Frühstück in einem Straßencafé, ein letzter Orangensaft. Claudia und Chiara begleiten mich. Keinen Bissen bekomme ich herunter. Es ist zu früh, und ich bin wahnsinnig angespannt. Claudia macht sich Sorgen, dass ich die Reise nicht durchstehe, wenn ich jetzt nicht wenigstens eine Kleinigkeit zu mir nehme. Auf diesen Flügen gibt es leider keine Stewardess, die Tomatensaft und Sandwiches vorbeibringt, schärft sie mir ein. Ich frage mich eher, ob es ein WC auf diesen Flügen gibt.

Ich bin reisefertig im Krankenhaus. Die ganze »Caspar Task Force« begleitet mich. Die Ärzte der Luftrettung sind da, und Caspar wird auf eine Trage mit Rädern verfrachtet. Er liegt mit ausdruckslosem Gesicht da und rührt sich nicht. Unter Decken eingepackt und festgeschnallt, sind nur sein Kopf und seine rechte Hand zu sehen.

Es werden »Bücher« übergeben. Listen mit der exakten medikamentösen Einstellung von Caspar. Der mitfliegende Arzt wird genau eingewiesen. Ein letztes Mal kommt die Bestätigung, dass wir ganz normal über 2000 Metern Höhe fliegen dürfen. Caspar verlässt die UCI, ohne sein Bewusstsein wiedererlangt zu haben. Aber er hat es trotzdem geschafft, das ganze Krankenhaus-Team so zu beeindrucken, dass die Trennung jetzt schwerfällt. Alle Ärzte und Schwestern, die gerade auf der Station sind, verabschieden sich von ihm. Manche Träne fließt, als Caspar in den Aufzug geschoben wird. Chiara, Jacob und Titus stehen dabei. Eine feste Umarmung von Claudia und Michael. Ich habe nur einen Gedanken: Hier haben sie Caspars Leben gerettet, und jetzt bringe ich ihn von hier weg. Ich reiße mich los und muss beinah dem Tross hinterherrennen, um nachzukommen.

Reise mit Hindernissen

Ein Albtraum. Wieder quälen wir uns durch den Verkehr von Barcelona. Caspar liegt hinten im Krankenwagen. Der Arzt und die Schwester sind direkt neben ihm, während ich vorne auf dem Beifahrersitz leide. Ich spüre jedes Anfahren, jedes Bremsen, jede Kurve überdeutlich. Ich höre, wie die Dinge im Inneren des Wagens verrutschen und sich bewegen. Ich sehe die Schwärme der Motorroller um uns herumsausen und keine Spur, die uns mit den gefühlten 3000 anderen Autos sicher um den Kreisverkehr leitet. So ergebe ich mich und denke, alle außer mir wissen im Moment, was sie tun.

Endlich erreichen wir den Flughafen und dürfen mit dem Krankenwagen direkt bis zu unserem Flugzeug vorfahren. Ich werde gebeten, im Krankenwagen zu warten. Caspar wird aus dem Wagen herausgeschoben und in das Flugzeug verfrachtet. Ich will das gar nicht sehen. Im Inneren des Jets ist eine komplette Intensivstation vorhanden. Ich bin fasziniert und bekomme einen Platz ganz im hinteren Bereich des Jets zugewiesen. Eine kleine schmale Sitzmöglichkeit, für die ich aber sehr dankbar bin. Caspar wird an die Monitore angeschlossen, und schon geht es los. Der Arzt, direkt an Caspars Kopf sitzend, und die Krankenschwester ihm gegenüber wachen sorgfältig über ihn. Das Flugzeug hebt ab und steigt in die Luft. Caspars Werte bleiben stabil. Als wir unsere Reisehöhe erreicht haben, wird er an einen Tropf gehängt. Der Arzt meint, dass Caspar wohl zu wenig Flüssigkeit in sich hat. Die Situation entspannt sich deutlich. Jetzt können wir uns überhaupt erst einmal richtig wahrnehmen. Sie stellen Fragen, und ich erzähle. Es wird eine richtig nette Unterhaltung, als die Krankenschwester mir aus einer Thermoskanne Kaffee anbietet und mir eine Leberkäsesemmel in die Hand drückt. Ich muss lachen und denke, dass Claudia mir das nicht glauben wird.

Nach etwas mehr als zwei Stunden Flugzeit landen wir in Frankfurt. Caspar geht es den Umständen entsprechend gut. Leider ist der Krankenwagen nicht da. Ich hoffe inständig, dass wir hier im Flugzeug bleiben dürfen, und sehe mich schon allein mit Caspar auf der Trage windzerzaust auf dem Rollfeld stehen. Es dauert etwas, dann kommt der Krankenwagen doch. Wieder wird Caspar verladen. Ein kleines Laufband wird schräg an die Türöffnung des Jets angelehnt. Wie Sperrgepäck wird Caspar – Füße voraus – auf der Trage aus dem Flugzeug geschoben und kippt auf das obere Ende des Laufbandes. Rechtzeitig kriegen ihn die Sanitäter zu fassen und hieven ihn und die Trage auf einen fahrbaren Untersatz. Jetzt weiß ich, dass es keine gute Idee ist, sich diesen Vorgang anzuschauen, wenn es nicht sein muss. Ich verabschiede mich von unserem besonders netten Team der TAA, und weiter geht es in Richtung Heidelberg.

Die Situation von heute Morgen wiederholt sich. Caspar liegt hinten im Wagen, ich sitze auf dem Beifahrersitz. Der Verkehr ist eine Katastrophe. Auf der Autobahn zwischen Frankfurt und Mannheim ist ein Stau nach dem anderen.

Wir versuchen auszuweichen und verlassen die Autobahn. Nun schaukeln wir durch kleine Städte und Dörfer auf der holperigsten Landstraße, die ich je gesehen habe. Anfahren, abbremsen, rote Ampeln, Lastwagen und Traktoren – ich werde wahnsinnig. Wir brauchen von Frankfurt nach Mannheim länger als von Barcelona nach Frankfurt. Ich schaue auf mein Telefon, das noch immer Alex' Telefon ist, um einen besseren Weg zu finden. Unauffällig vergleiche ich meinen »Google Maps«-Routenvorschlag mit dem Weg, den das Krankenwagen-Navi vorgibt. Ich schaue einmal, zweimal, als mir klar wird, dass wir auf dem Weg in die falsche Klinik sind.

Ich schaue noch einmal ganz genau hin und bin mir nun sicher. Der Fahrer bringt uns geradewegs in die falsche Klinik. Ich frage vorsichtig nach. Er antwortet und ist dabei um seine Autorität bemüht. Leicht genervt meint er, dass er genau entsprechend seinem Auftrag fahren würde. Behutsam versuche ich, seinen Auftrag zu hinterfragen, beiläufig den Auftraggeber herauszufinden, in der Hoffnung, dass ich das eventuell sein könnte, aber alles Bemühen bleibt erfolglos.

Da versuche ich es eben auf die uncharmante, direkte Weise: »Entschuldigen Sie bitte, in welches Krankenhaus fahren Sie uns genau?«

»In die Kopfklinik.«

»Ja, das dachte ich mir auch. Ich sehe es auf der Karte des Navis. Wir möchten aber bitte in die Unfallchirurgie im Süden der Stadt.«

Er meint, dass er für eine solche Fahrt keinen Auftrag habe und uns daher in die Kopfklinik bringen würde. Inzwischen ist es schon nach fünf Uhr nachmittags. Ich mache den Einwand, er solle doch bitte einfach einmal in der Kopfklinik anrufen und fragen, ob sie uns dort erwarten.

Er ruft an, und die Antwort ist ganz klar: Niemand erwartet uns; es gibt kein Bett für Caspar. Diese Kleinigkeit stört unseren wackeren Krankenwagenfahrer aber überhaupt nicht und ändert auch nichts an seiner Zielsetzung. Ich werde noch deutlicher: »Fahren Sie, wohin Sie wollen, aber niemand wird meinen Sohn aus diesem Auto ausladen, es sein denn, wir sind in der Unfallchirurgie.« Während er fährt, rufe ich in der Uniklinik an. Dort sind sie zwar über Caspar informiert, warten auch auf ihn, aber recht ungeduldig, denn nach 17 Uhr werden eigentlich keine neuen Patienten mehr aufgenommen.

Mit aller Kraft versuche ich, dem armen Mann in seiner Not zu helfen. »Wissen Sie was«, fange ich ganz harmlos an, »wir beide stornieren diesen Auftrag, und ich gebe Ihnen einen neuen. Sie können ihn mit mir abrechnen, und ich kümmere mich dann um alles Weitere.«

Letztlich helfen drei Telefonanrufe bei Dr. Schulzmüller, Chefarzt der unfallchirurgischen Abteilung. Ich erwische ihn in Italien, er ist unglaublich nett und hilfsbereit.

Endlich kommen wir an. Alles ist für Caspar vorbereitet. Auf unterschiedlichen Wegen werden wir durch das alte Gebäude geschleust und treffen uns oben auf der Intensivstation wieder. Nicht nur wir beide, auch Hänschen, mein jüngerer Bruder, ist da und wartet auf uns. Er ist aus Iffezheim gekommen, um uns hier in Empfang zu nehmen. Decken, Kleidung, alles Spanische wird Caspar abgenommen und durch die hauseigene Ausstattung ersetzt. Sogar die Trachealkanüle wird gewechselt.

Die Klinik liegt romantisch einsam im Wald hoch über dem Fluss, weit weg von der Stadt oder dem nächsten Dorf. Ich nehme es wahr, weiß aber auch, dass dies keine Rolle spielt. Die Aufgabe, die es hier zu bewältigen gilt, heißt: ein umfassendes Bild über Caspars Zustand, eine zweite ärztliche Meinung zu bekommen. Wir brauchen eine Antwort auf die Frage: Ist Caspar körperlich in der Lage, eine neurologische Frühreha zu beginnen? Wird die Diagnose der spanischen Ärzte bestätigt? Wurde etwas übersehen? Gibt es abweichende Interpretationen der Röntgenbilder? Caspar ist so allumfassend verletzt, dass die Ärzte ja immer nur von primären und sekundären Verletzungen gesprochen haben. Alles ist so komplex, dass wir nun, ohne Sprach- und Übersetzungsschwierigkeiten, genau jedes Detail anschauen müssen.

Caspar sieht unglaublich müde und angestrengt aus. Ich mag mir nicht vorstellen, was er an Schmerzen ausgehalten hat. Trotz der Verspätung werden wir sehr nett aufgenommen. Ich kann den »Charme« der 60er-Jahre, der mir auf unserem Weg durch die Klinik aus jeder Ecke, aus jedem Winkel des Gebäudes zuwinkt, nicht ausblenden, und während wir auf der Intensivstation einchecken, weiß ich, dass ich Barcelona vermissen werde. Spanisches Mitgefühl versus deutsche Gründlichkeit. Morgen werde ich mich vertrauter machen mit der neuen Umgebung, heute bin ich so müde, dass ich mich noch eine kleine Weile zu Caspar setze und dann mit dem Taxi in unser neues Quartier fahre.

Packen fürs Leben

Caspars neuer, orangener Koffer leuchtet im dämmrigen Krankenzimmer wie eine kleine spanische Sonne, eingequetscht oben auf seinem Schrank dicht unter der Decke.

Er liegt da, scheint sehr flach zu atmen und erzählt mir von all den anderen Koffern, die ich für Caspar gepackt habe. Jeder von ihnen ein guter Begleiter auf einer Reise, die – jede für sich – Caspar ein Stück weit zu sich selbst gebracht haben.

Die bunten IKEA-Kinderkoffer. Stolze Begleiter ihrer ersten Reise, deren eigentlicher Sinn es war, alle zur Verfügung stehenden Verkehrsmittel einmal zu nutzen. Mit Bus und Bahn, Flugzeug, Schiff und Fähre ging es ab auf eine griechische Insel. Wie eine Entenfamilie liefen vier Kinder, jedes stolz seinen Koffer ziehend, kükengleich hinter ihren Eltern her, quer durch die denkbar größten Bahnhöfe und Flughäfen, in schaurig schöner Erwartung ihrem ersten Reiseabenteuer entgegen.

Der schier unendlich tiefe blaue Internatskoffer. Das Lieblingsstofftier ist noch dabei, die coolen Sneakers, Schuluniform, Lieblingsjeans und ein kleines Universalwerkzeug müssen mit. Alles ist Rüstzeug, wenn man sich in einer neuen Umgebung behaupten muss. Allzuviel Selbstbewusstsein befindet sich noch nicht im Gepäck, dafür die vielen Fragen nach dem eigenen Stellenwert. Die Suche nach dem eigenen Platz in einer neuen Gemeinschaft, die nicht auf einen gewartet hat. Und natürlich ist dieser Koffer grundsätzlich zu schwer für die gebuchte Gepäckklasse, so dass vor jedem Einchecken erst noch umgepackt werden muss. Danach machen die Zwillinge sich mit drei Pullovern und zwei Jacken übereinander auf den Weg, um sich zu entdecken.

Es ist die erste Internatsreise, die Jacob und Caspar alleine bewältigen. Sie sind stolz und von ihrer eigenen sowie der Größe des Moments vollkommen überzeugt. Es ist ein schneller, schwerer Abschied für uns, als sie flink zu ihrem Check-in-Schalter laufen und dort einer Sicherheitsbeamtin gegenüberstehen; die Kinder konzentriert, ernst und völlig arglos. Sie wollen wirklich alles richtig machen. Ich beobachte sie aus vorsichtiger Entfernung und bin ziemlich überzeugt, dass sich kein Mensch auf diesem Flughafen die Routine-Sicherheitsfragen des Flughafenpersonals mit solch eifrigem Ernst anhört wie diese zwei. Wir schreiben das Jahr 2005, und die Grenzschützer auf den Flughäfen weltweit sind unter dem Eindruck der Attentate von New York immer noch recht humorbefreit und streng.

Caspar wird zuerst angesprochen. »Ist das dein Koffer?«, fragt die Dame am Check-in, und Caspar entgegnet: »Ich weiß es nicht.« Es könnte genauso gut Jacobs Koffer sein. Die Dame stutzt und versucht es mit gefasster Stimme noch einmal: »Hast du den Koffer selbst gepackt?« Caspar antwortet prompt und wahrheitsgemäß: »Nein« – völlig logisch, denn den Koffer habe ich gepackt. Mit einem Schlag ist die Flughafenangestellte völlig aus dem Konzept gebracht. Merklich ungeduldig wendet sie sich jetzt an Jacob: »Weißt du, wo dein Koffer zu Hause üblicherweise steht?« – »Nein«, antwortet Jacob, und ich sehe förmlich, wie er sich denkt, eventuell im Keller oder auf dem Dachboden ... keine Ahnung, wo Mami den lässt.

Es kommt der letzte Versuch. Sie fragt ärgerlich: »Hat euch jemand eventuell heimlich noch etwas in den Koffer gesteckt? Beide nicken! »Kann gut sein.« Es steht ihnen auf der Stirn geschrieben, dass sie darauf hoffen, eine kleine Überraschung von zu Hause während des Auspackens zu finden.

Mit einer unwirschen Handbewegung werden Caspar und Jacob aus der Warteschlange aussortiert und müssen eine scharfe Zurechtweisung über sich ergehen lassen. Die

Dame am Check-in fühlt sich weder ernst genommen, noch erkennt sie, dass kaum jemand wahrhaftiger auf ihre Fragen hätte antworten können als die beiden Buben.

Nach einer kleinen Debatte lässt eine weitere Stewardess die Jungs ihre Koffer öffnen und kontrollieren, der gesamte Inhalt wird ihnen persönlich zugeordnet. Dann beginnt die Frageprozedur von vorn, der zweite Versuch, die Fragen »richtig« zu beantworten. Es ist immer schwer, die Wahrheit zu erkennen, vielleicht gerade dann, wenn sie einem so arglos aus zwei Bubengesichtern entgegenlacht.

Aus den Koffern werden im Laufe der Zeit wahlweise Militärseesäcke, Weekender oder Rucksäcke. All diese Koffer, Taschen und Reisesäcke geben ihnen darüber Auskunft, was sie benötigen und was entbehrlich ist, und dass das, was sie mit sich führen, nicht unbedingt das ist, was sie letztendlich brauchen. Sie verstehen, dass man das Wichtigste eh nicht in einen Koffer packen kann: die eigene Haltung, den Glauben, die starke Beziehung zu Geschwistern, Familie und Freunden.

Wie eine magische Tasche ohne Boden birgt dieser kleine orangene Koffer oben auf dem Schrank all seine Vorgänger in sich. Alle Reisen, alle Erfahrungen und alle Erkentnisse – sie scheinen auf diesen Moment zuzulaufen. Wie ein Uhrwerk greifen Wege, Orte und Zeitläufte präzise ineinander, um uns geradewegs hierhin zu führen. Dabei sind wir eigentlich eine Familie von notorischen Zuspätkommern.

Ich höre in Gedanken das Klackern der Räder heute Morgen auf dem Krankenhausflur. Es war kein Flur, den ich entlanglief, es war in Wahrheit eine Brücke, über die wir gegangen sind. Eine Brücke, die sich zwischen einem Davor und einem Danach spannt. Eine Brücke, die über eine Zäsur hinwegführt, die unser Leben teilt. Eine Einbahnstraßenreise. In dem Koffer gerade genug Platz für eine neu geschriebene Gebrauchsanweisung des Lebens.

Einen Moment zu Hause

Von guten Geistern

Die Blüte des Gartens wird wohl um diese Tage herum ihren Höhepunkt erreicht haben. In der letzten Dämmerung laufe ich durch dieses Paradies, den roten Sandsteinweg entlang. Dann die grauen Granitstufen hoch bis zur Haustüre.

Einen Moment bleibe ich auf der obersten Stufe stehen, drehe mich um und betrachte den Weg, den ich gekommen bin, und habe den Eindruck, dass diese Treppe nicht nur die Besucher an ihr Ziel bringt, sondern die ganze Geschichte meiner Familie trägt. Immer wieder haben sich meine Großeltern zu besonderen Anlässen auf dieser Treppe aufgestellt. Erstkommunion der Kinder, die Hochzeiten und Taufen, Silberjubiläen, runde Geburtstage und goldene Hochzeit. Aus Eltern werden Großeltern, die Kinder und dann die Enkel, alle stehen sie auf dieser Treppe, die durch die Jahre unverändert den Weg in das Haus weist. Alles und jedes erzählt hier die Geschichte des Hauses und seiner Bewohner. Und da ich meine Mutter kaum kennengelernt habe, bin ich auf diese Geschichten angewiesen. Ich horte diese Geschichten, Bilder und Erzählungen. Sie geben mir die Illusion eigener Erinnerung an sie. Ich kann sie nicht fassen. Sechs Jahre haben wir geteilt, sechs Jahre war ich geborgen und geliebt von ihr. Es hat nicht gereicht. Es hat nicht gereicht, um mich wirklich an sie zu erinnern. Ich erinnere mich an die Wärme ihres Bettes, ihre Arme, die mich hielten, während sie mir vorlas. Mehr nicht. Und obwohl ich mich selbst als lächerlich dabei empfinde, fühle ich mich auf eine eigentümliche Weise mit ihr verbunden, wenn ich ihr Bild als Erstkommunikantin sehe, in einem langen weißen Kleid mit einer hohen Kerze in den Händen auf dieser Treppe stehend. Und wenn ich mich sehe, als Erstklässlerin und schon ohne sie, mit einer Schultüte ausstaffiert, ernst in die Kamera schauend. Schnappschüsse, Jahre voneinander getrennt, aber unsichtbar verbunden durch die gleiche Treppe, vor dem gleichen Haus.

Ich gehe hinein und nehme den Geruch wahr. Seit ich denken kann, gehört dieser Duft zu diesem Haus. Ein bisschen Lavendel, etwas Steinseife und Kaminfeuer. Die Haustüre ist aus schwerem, anthrazitfarbenem Eisen. Geschliffene Glasscheiben sind darin eingelassen. Hinter der Türe gleich rechts liegt das Zimmer, das so oft seinen Namen gewechselt hat. Zwischendurch war es auch einige Zeit mein Zimmer und trug meinen Namen. Ein Schlafzimmer mit angrenzendem Bad und einem herrlichen Blick in den Garten Richtung Tor, um niemanden zu verpassen, der hier ankommt.

Es ist das Haus meiner Großeltern, der Eltern meiner Mutter, die hier aufwuchs, und das heute immer noch in Familienbesitz ist. Die beiden oberen Etagen sind vermietet, das Erdgeschoss nahezu unverändert.

Wann immer ich meine Großeltern besucht habe, schlief ich in diesem Zimmer. Der Flur vor diesem Zimmer teilt sich nach wenigen Metern. Rechts geht es in den Bereich der Großeltern, ihr Wohnzimmer, ihre Arbeitsplätze und das Esszimmer. Links herum kommt man in den Bereich der guten Geister. Die Küche, in der Hete, ihre Köchin, unangefochten herrschte, und das Refugium von Bruno, dem Chauffeur.

Jetzt ist es still im Erdgeschoss. Ich ziehe die Rollläden hoch und öffne die Fenster. Mit dem Licht schwappen das Brausen des Stauwehrs und das Tuckern der Neckarschiffe ins Haus. Die Geräusche des Flusses verbinden sich mit dem Vorüberrauschen des Verkehrs am anderen Ufer, und alles verwebt sich miteinander zu dem Grundton meiner Kindheit.

Ich gehe in die Küche. Ich sehe die selbst gemachten Nudeln auf der Wäscheleine über dem Bügelplatz hängen. Ich rieche die Käseplätzchen. Ich sehe mich auf Rollschuhen, dreckige Striemen auf dem frisch gewischten Küchenboden hinterlassend, rund um den Küchentisch flitzen, unerreichbar für die Köchin, die versucht, mich aus der Küche zu verjagen.

Die Großeltern, ihre Köchin Hede und Bruno, der Chauffeur, leben schon so lange in der Erinnerung, und trotzdem rechne ich damit, dass jederzeit einer von ihnen um die Ecke kommt, so präsent sind sie geblieben. Ich weiß sie hier ganz nah bei mir. Ich bestürme sie, ihre ganze Kraft, Fürsprache und Liebe für Caspar aufzuwenden. Caspar braucht alle Schutzengel um sich.

Gestern Abend kam Chiara wohlbehalten aus Frankfurt an. Für das erste Frühstück hat ein sehr lebendiger guter Geist des Hauses gesorgt, aber alles Weitere werden wir besorgen müssen. Nicht nur dass sich der Ort verändert hat, unser ganzer Rhythmus ist schlagartig aus dem Takt geraten. Wir haben viele lange Wege, die wir berücksichtigen müssen, aber noch kein Auto. Chiara findet sofort die beste Verbindung von hier aus mit dem Zug zur Klinik. Zum Glück ist die Haltestelle fußläufig gut zu erreichen. Nachmittags bekomme ich mein Auto aus Köln gebracht. Ich hatte nicht zu hoffen gewagt, dass es so schnell gehen würde. Es dauert nicht lange, und Chiara und ich haben uns »eingehäuselt«. Nur dass wir die Kaffeemaschine in Barcelona gelassen haben, bedauern wir zutiefst. Während ich einkaufe und einräume, ist Chiara schon einmal ins Krankenhaus vorgefahren.

Die Klinik ist groß und verwirrend. Sie liegt am Berg, und die zahlreichen Anbauten gehen auf verschiedenen Ebenen ineinander über. Ich sehe viele Eltern mit ihren kranken Kindern. Es gefällt mir gut, dass die Patienten in ihren Betten aus dem Eingang hinaus ins Freie geschoben werden können. Betten stehen auf der Wiese oder unter blühenden Bäumen. Was für ein Glück für diese Familien, etwas so Normales wie ein paar Stunden gemeinsam im Garten erleben zu können. Und was für eine Erleichterung, der Enge des Krankenzimmers zu entkommen. Natürlich hoffe ich für Caspar und uns auf die gleiche Erleichterung.

Hier, lerne ich, muss ich vor der Intensivstation klingeln. Ich sage meinen Namen – den niemand versteht – und warte eine Weile, bis der Mensch am anderen Ende der Klingel meine Zugangsberechtigung erkennt. Das Zimmer, in dem Caspar liegt, verfügt über ein kleines Vorzimmer, das mit einer winzigen Küche und vielen Kleiderhaken ausgestattet ist. In diesem Zimmer werde ich angehalten, mich zu verkleiden. Ich verwandele mich, unter Anleitung einer ernsten Schwester, in einen Schlumpf! Alles blau, von der Haube über den Kittel bis zu den Schuhüberziehern. Nur der Mundschutz ist weiß. So sitze ich neben Caspars Bett und denke, wenn er jetzt aufwacht und den Schlumpf an seinem Bett sitzen sieht, dann wird das nie mehr was. *Wer will schon in einer Welt voller Schlümpfe aufwachen? Waren wir nicht auch in Barcelona wochenlang auf der Intensivstation? Habe ich mich dort jemals so in Plastik gehüllt?* Ich sitze und schwitze vor mich hin. Es ist nicht zum Aushalten.

Von Poltergeistern

Ein Arzt steht plötzlich in der Küche vor dem Zimmer und möchte mich sprechen. Es ist der Chefarzt der Intensivstation, und er hat diese Tatsache von Kopf bis Fuß verinnerlicht. Kein Zweifel, mehr Chef als Arzt; ein Anästhesist, wie ich später erfahre. Ich bejahe seine Frage, ob ich Caspars Mutter sei. Ohne Umschweife geht das Verhör weiter. Ob ich irgendwelche Betreuungsvollmachten von Caspar hätte, denn ansonsten wäre unser Gespräch hier zu Ende. Ich war auf diese Frage gefasst. Selbstbewusst kann ich sie bejahen und ziehe die originale, notariell beglaubigte Urkunde aus meiner Handtasche. Der Chefarzt überfliegt kurz das Papier und gibt sie mir mit diesen Worten und einem fröhlichen Unterton: »Na, die werden Sie aber lange brauchen« zurück. *Danke, diese Faust in die Magengegend habe ich wirklich gebraucht!*

Es hat zu diesem Zeitpunkt noch kein Gespräch über die Ergebnisse von Caspars Untersuchungen hier in der Uniklinik stattgefunden. Ich weiß nicht, wie die Ärzte seine Situation einschätzen. Aber ich weiß, welchen Horror dieser CHEF-Arzt mit so einer hingeworfenen Bemerkung bei Eltern, Ehepartnern oder allen anderen Angehörigen auslöst. Dutzendweise verteile ich meine Vollmachten im Krankenhaus in den nächsten Tagen und werde trotzdem mehrmals täglich danach gefragt.

Mit einem Kaffee aus der Cafeteria setze ich mich in den Innenhof. Ich muss mich abregen. So beobachte ich die Spatzen, die sich ohne Scheu auf die Tellerränder des nicht weggeräumten Geschirrs setzen und eine ganz lustige Ablenkung sind. Mehrmals atme ich tief durch, bevor ich zurück zu Caspar gehe.

Oben angekommen stehe ich in der Küche und verkleide mich aufs Neue, als ich eine Krankenschwester bei Caspar beobachte und belausche, weil sie nicht zu überhören ist. »So, Caspar, dreh dich mal auf die Seite!«, schreit sie ihn an. Sie kündigt ihm in so einer Lautstärke, mit solch unflätigen Worten, an, was er gleich über sich ergehen lassen muss, dass ich es hier nicht aufschreiben will. Ich traue meinen Ohren nicht. Sehr bestimmt bitte ich sie zu mir heraus, nachdem sie ihre Arbeit erledigt hat.

»Mein Sohn ist ein erwachsener Mann«, eröffne ich ihr. »Niemals, nicht einmal als er ein Kind war, habe ich in dieser Weise mit ihm gesprochen. Ich bitte Sie dringend, mit meinem Sohn in einer anderen Wortwahl und in einer anderen Lautstärke zu reden. Er ist nicht taub, er liegt nur im Koma!« Die Würde des Menschen ist unantastbar! Das bezieht sich nicht allein auf gesunde Menschen. Das bezieht sich insbesondere auf Menschen, die ihren Mitmenschen ausgeliefert sind, weil sie nicht für sich selbst einstehen können! Ich bin sehr ruhig und deutlich. Die Kinder nennen diesen Gemütszustand »Mami lässt einen kalten Engel durch den Raum gehen«.

Kaum dass ich bei Caspar sitze, steht wieder ein Arzt im

Vorzimmer und erkundigt sich, ob er mit mir sprechen darf. Er möchte über Caspars Zustand berichten und kommt in Caspars Zimmer hineingerauscht. Ich bitte ihn mit Nachdruck, davon abzusehen, Gespräche, die Caspars Zustand betreffen, vor ihm in seinem Zimmer zu führen. Ich dränge ihn mehr aus dem Zimmer hinaus, als dass wir gehen, und werde prompt von der ernsten Schwester mit einem strengen Fingerzeig wieder zurück in das Krankenzimmer geschickt. Ich muss hier meine Plastikplanen ausziehen und wegwerfen. In der Küche muss ich mich also verkleiden, im Krankenzimmer dann wieder ausziehen, bevor ich es verlasse. Wie ein Schulmädchen entschuldige ich mich für meinen groben Verstoß gegen die Hygieneregeln, bevor ich mit dem Arzt draußen auf dem Flur reden kann.

Gute Nachrichten! Die ganze Nacht hindurch wurde Caspar geröntgt, wurden MRT-Aufnahmen gemacht, wurde er auf Herz und Nieren geprüft. Nun gibt es ein umfassendes Bild seiner aktuellen Situation. Die Ärzte hier sind voll des Lobes und der Anerkennung der Leistungen ihrer Kollegen in Barcelona. Sie sagen »hohe Medizin« und »man kann es nicht besser machen«. Sie bestätigen alle Aussagen und fügen dann doch noch einen weiteren kleinen Bruch in die lange Liste der Verletzungen ein. Das Fibulaköpfchen am rechten Knie ist gebrochen. Das hört sich ganz niedlich an, nicht wirklich ernst zu nehmend, ist aber doch wichtig, wenn man laufen möchte.

Von der Schädelfraktur links über dem Ohr wussten wir. Mit dem Jochbeinbruch, der tatsächlich drei Brüche in der linken Augenhöhle beinhaltet, waren wir nicht so sehr vertraut. Ich hatte davon gehört, es aber nicht ganz genau erfasst. Jetzt, da die großen Schürfwunden in Caspars Gesicht abgeheilt sind, kann man sehen, dass sein linker Wangenknochen etwas eingedrückt, etwas tiefer liegt. »Man kann das operieren«, meint der Arzt sofort, »es ist eher eine kosmetische Frage. Finden Sie Ihren Sohn entstellt?«

Darüber habe ich tatsächlich noch nicht nachgedacht. Ich betrachte meinen Sohn. Er wirkt stabil und vor allem anwesend. Trotz aller Anstrengungen der letzten Nacht ist es für Caspar ein guter Tag.

Es gibt hier keinen Telefonempfang, und so suche ich das Mobilnetz vor dem Haupteingang oder in dem kleinen Innenhof, der zur Cafeteria gehört. Auch diese hat ihre Öffnungszeiten, die ich lernen muss, und jetzt, da ich davorstehe, hat sie geschlossen. Ich bin etwas genervt über diese Situation in den ersten Tagen hier, finde mich schwer ein, aber ich will doch unbedingt meiner Freude durch einen Beitrag im Familienchat Luft machen:

Ihr Lieben, ich muss Euch unbedingt schreiben. Heute Abend war Caspar besonders präsent. Er hatte beide Augen geöffnet, schaute sich im Raum um und fixierte mich mit beiden Augen. Es war ein richtiger Blick. Mehrmals hintereinander! Er hob seinen rechten Unterarm um 90 Grad von der Bettdecke senkrecht in die Höhe und wollte, dass ich seine Hand nehme. Ich hatte sie gerade auf die Bettdecke gelegt, um zu gehen, als er seinen Arm hob.

Auf die Frage, ob Caspar entstellt ist, finde ich heute Abend keine Antwort mehr. Ich nehme die Frage mit nach Hause und werde erst einmal nachdenken.

Im Haus wartet die Post von drei Wochen Abwesenheit auf mich. Sie kam mit meinem Auto aus Köln. Es ist fast beruhigend, altgewohnte Tätigkeiten mechanisch zu verrichten. Ich bin gezwungen, mich auf andere Dinge zu konzentrieren, und genieße es beinahe. Man läuft von hier aus in ein paar Minuten über die Brücke in die Altstadt. Dort gibt es jede Menge italienische Restaurants, Studentenkneipen und Bistros, die Chiara und ich zu unterstützen fest gewillt sind. Nach ein paar Gläsern Riesling schlendern wir durch einen milden Abend zurück.

Die Kunst der aufrichtigen Rede

Es gibt keine festen Besuchszeiten, nur den Hinweis, dass Caspar von nicht mehr als zwei Personen gleichzeitig besucht werden darf. In Barcelona wären die Patienten der Intensivstation vor Einsamkeit gestorben. Wir wechseln uns ab. Zwei Personen warten in der Cafeteria, zwei sind bei ihm in seinem Zimmer.

Die Tage hier sind viel länger als in Spanien, denn es lohnt sich kaum, für ein Mittagessen oder eine kleine Pause nach Hause zu fahren. Es fehlt das kleine Straßencafé genauso wie die Minisupermärkte an den Kreuzungen. So bleiben wir oft den ganzen Tag im Krankenhaus.

Es spricht sich schnell herum, dass Caspar in Deutschland ist, und wir haben alle Hände voll zu tun, die so lieb gemeinten Fragen nach einer Stippvisite bei Caspar zu kanalisieren. Caspars Besucher verschaffen mir die Zeit, in die Stadt zu fahren und einige Dinge zu besorgen, die die Therapeuten mir empfohlen haben. Einen Igelball. Das ist ein Kunststoffball mit Noppen, der zur Massage dient. Wird er über den Körper gerollt, reizt und spricht er viele verschiedene Nerven an. Eine etwas härtere Massagerolle mit einem anderen Profil, die ebenfalls der Stimulation der Nerven dient. Massageöl, denn Caspar tastet und drückt mit seiner rechten Hand seinen linken Arm entlang. Immer wieder sucht er mit der rechten Hand seinen linken Arm, als ob er ihm fehlt und er ihn eben nicht fühlt. Es fällt auch auf, dass er seinen Kopf ebenfalls von der rechten Seite in die Mitte dreht, aber nicht auf die linke Seite. Also werden wir seine linke Seite betonen. Das heißt, wir setzen uns auf seine linke Seite, sprechen ihn von links an, drehen seinen Kopf und zeigen ihm seine linke Hand und seinen linken Arm.

Auf der Intensivstation geben sich die Pfleger und Schwestern zum Teil große Mühe, Caspar nicht liegen zu lassen, sondern all seine Sinne anzuregen. Sie arbeiten nicht mit ihm, aber mit Nachdruck an ihm. Eine große Lehre für mich ist dabei Caspars erster Ausflug in den »Bett-Stuhl«. Es dauert ungefähr eine Dreiviertelstunde lang, bis die nette Physiotherapeutin und ein Kollege Caspar zu zweit auf ein anderes Bett gehievt haben. In diesem Bett liegt er auf dem Rücken. Das Bett ist verstellbar und kann zu einer Art Stuhl geklappt werden. So wird der Patient, der auf diesem Bett liegt, ohne sein eigenes Zutun in eine sitzende Position gebracht. Caspar sitzt am Fenster seines Zimmers, als ich bei ihm ankomme.

Ich stehe gerade noch in dem kleinen Vorzimmer und ziehe mich um, als die Physiotherapeutin herauskommt, mich sieht und mir strahlend eröffnet: »Es ist großartig! Ihr Sohn sitzt das erste Mal im Rollstuhl.« Ich bin ganz angesteckt von ihrer freudigen Aufregung, komme mit Schwung in sein Zimmer und wiederhole völlig blödsinnig: »Caspar, das ist ja großartig, du sitzt im Rollstuhl.« Kaum höre ich, was ich da gesagt habe, da liegt schon die Stille des Zimmers bleischwer auf meinen Schultern. Ich schaue Caspar an und sehe, wie Tränen lautlos über seine Wangen rollen. Entsetzt über mich sage ich gerade noch: »Nein, Caspar, das war gerade ganz blöd von mir, es tut mir leid! Lass uns noch mal von vorne anfangen«, als ich tatsächlich rückwärts wieder zur Türe hinausgehe, um ein zweites Mal in sein Zimmer zu kommen.

Zweiter Versuch. Ich öffne die Türe, und Caspar sitzt mit Schulter- und Beckengurten angeschnallt in einem Quasirollstuhl vor seinem Fenster. Er schaut mich an. Er weint. Ich gehe zu ihm, nehme ihn so gut es geht in den Arm und versuche, es ihm zu erklären. »Es ist nicht großartig! Es ist fürchterlich, dass du in diesem Rollstuhl sitzt. Aber was ich sehe, ist, dass du so viel stärker geworden bist, dass du es nun aushältst, einige Zeit zu sitzen. Das ist ein Riesenfortschritt, und darüber freue ich mich!«

In diesem Augenblick erkenne ich, wie wichtig es ist, trotz allem aufrichtig miteinander zu reden. Eine ehrliche, aufrichtige Kommunikation zwischen einem kranken Menschen und seiner Umgebung ist Ausdruck von Achtung. Es ist eine Kunst, hier die richtigen Worte und den richtigen Tonfall zu finden. Man braucht Mut dazu. Aber wenn Vertrauen entstehen soll – und ein schwerstkranker Mensch muss seiner Umgebung vertrauen können –, gibt es zu einer aufrichtigen Haltung und Sprache keine Alternative. Ich nehme mir vor, Caspar nichts schönzureden. Seine Situation in nichts herunterzuspielen, aber hoffnungsvoll und positiv zu bleiben.

Caspar sitzt eine halbe Stunde in diesem Stuhl-Bett. Danach ist er so angestrengt und müde, dass es schon genug Programm für den ganzen Tag war.

Es ist heiß und schwül, über dem Tal steht eine diesige

Dunstglocke. Alle warten sehnsüchtig darauf, dass sich das Gewitter endlich entlädt. Aber es tut uns nicht den Gefallen, sondern hängt schwarz und schwer über der Stadt. Und obwohl sich das Krankenhaus am Berg direkt am Waldrand befindet, weht uns keine noch so kleine Brise etwas Erleichterung zu.

Wahrer Albtraum

Wochenenden im Krankenhaus sind lang. An diesem Tag ist es genauso unangenehm heiß und drückend wie an den vergangenen Tagen. Ich wache von selbst auf, das erste Mal seit Tagen. Nicht dass ich ausgeschlafen wäre, aber ich hatte einen entsetzlichen Albtraum. Es sind keine Ungetüme, die mich jagen, oder Klippen, von denen ich ins Bodenlose stürze, es ist ein wirklicher Albtraum, in dem mir Caspar in einem Monstrum von Rollstuhl mehr hängend als sitzend entgegenfährt. Er wird von einem gesichtslosen Jemand geschoben, und dieser Jemand sagt mir, dass wir fertig sind. Wir sind fertig – ich weiß nicht, womit. Der sich stetig nähernde Rollstuhl mit dem unförmigen Caspar darin versetzt mich in furchtbare Angst. Ich bin bewegungslos vor Entsetzen, stehe mit dem Rücken an der Wand ohne die Möglichkeit, auszuweichen, während der Rollstuhl näher und näher kommt.

Panisch wache ich auf, kämpfe darum, dieses Bild, das so zäh wie Kaugummi in meinen Gedanken klebt, zu verscheuchen. Es gelingt mir, und ich schaue in den blühenden Garten der Großeltern und fühle mich einen verschlafenen Wimpernschlag lang erleichtert, bis es mir mit Donnerkrachen in den Kopf schießt, dass dieses Bild kein Albtraum ist, sondern die Realität. Ich schaffe es gerade noch ins Bad und muss mich übergeben.

Hänschen hat Chiara gestern für ein paar Tage mit zu sich genommen. Die ganzen Anstrengungen der letzten Wochen schlagen bei ihr durch, und sie wird krank. Eine dicke, fiese Erkältung verbietet ihr, Caspar weiterhin zu besuchen. Sie ist darüber nicht wirklich erfreut, sieht es dann aber doch ein, dass sie sich ein paar Tage erholen muss.

Dafür sind Jacob, Titus und Caspars Vater wieder da. Alle finden Platz in dem Haus meiner Großeltern, das sich durch seine hohen Räume und dicken Mauern etwas von der Kühle der letzten Nacht bewahren kann. Wir gehen gemeinsam die nächsten Tage durch. Wer kommt wann? Auch hier gilt: Es müssen nicht immer alle gleichzeitig vor Ort sein. Was muss als Nächstes organisiert werden?

Wir wechseln uns bei Caspar im Krankenhaus ab. Ich freue mich über einige freie Stunden. Jeder kämpft auf seine Art mit der Hitze, der eigenen Anspannung und den grässlichen Hygienevorschriften. Caspar hat wirklich einen Keim aus Spanien mitgebracht. In Barcelona stört sich erstaunlicherweise niemand daran, hier macht der Keim Caspar und uns zu Aussätzigen. Vielleicht hätte mir einfach nur jemand erklären müssen, worin das Problem liegt, ich bin sicher, ich hätte es verstanden.

Ein Pfleger fragt mich, wie es eigentlich in Barcelona auf der Intensivstation war. Er möchte wissen, inwieweit sich die Station dort von der hiesigen unterscheidet. Ganz und gar in meine blaue Plastikplane eingewickelt, denke ich an den Pizzaboten, der in voller Montur mit Motorradhelm und Bikerboots auf die UCI kam und sechs Pizzen für das Ärztezimmer brachte. »Sie würden es mir eh nicht glauben«, antworte ich dem Pfleger und mache keinen Versuch, ihm irgendetwas zu erklären.

Caspar atmet so zuverlässig und sicher durch seine Trachealkanüle, dass die Ärzte nun den Versuch wagen, ihm ein Sprachventil einzusetzen. Wer eine Trachealkanüle trägt, kann nicht sprechen, da er unterhalb der Stimmbänder durch die Kanüle einatmet. Die Luft kann während des Ein- und Ausatmens die Stimmbänder nicht in Schwingungen versetzen, daher hat der Patient quasi keine Stimme. Mit einem Sprachventil atmet er weiter durch die Kanüle ein, aber durch den Nasenrachenraum wieder aus. Dadurch erhält er seine Stimme zurück und hat die Chance zu sprechen.

Wir halten Caspars Hand und lesen in seinen Augen. Wir sind glücklich über seine Blicke, die immer fester und direkter werden. Nach wie vor drücken wir unsere Daumen fest aneinander. Das ist die unmissverständliche und direkteste Art, sich zu versichern: Ich bin da! Bist du da? Geht es dir gut? Ja! Das ist das Wichtigste! Wir sehen Caspar und sind doch völlig im Unklaren, wer hier vor uns liegt. Zunehmend ängstlicher frage ich mich, ob es wirklich Caspar ist oder ein Mensch, der wie Caspar aussieht und den ich nicht kenne?

Je länger Caspars Koma andauert, desto größer wird die Angst, dass Caspar in diesem Zustand für uns zu einer Art Blackbox wird. Wir müssen warten, bis sie sich selbst öffnet. Die Frage, ob Caspar zu uns zurückkommt oder ob wir uns als Fremde begegnen, steht unübersehbar in seinem Krankenzimmer.

Ich habe schon einmal mehr als drei Jahre darauf gewartet, dass Caspar zu sprechen anfängt. Lieber Gott, bitte lass es diesmal schneller geschehen.

Nein, beinahe hätte ich es vergessen: Lieber Gott, dein Wille geschehe, nicht meiner. Aber vielleicht wollen wir beide ja zufällig dasselbe? Es kommt, wie es kommt. Aber Akzeptanz bei gleichzeitigem Versuch, die Situation doch noch zu optimieren, schließt sich meiner Meinung nach nicht aus. Ich hoffe inständig darauf, dass Caspar versucht, zu sprechen.

Später, auf dem Weg zurück in unser Quartier, bricht der Himmel über uns zusammen. Es stürmt und schüttet unwetterartig. Es wird ein kurzer Abend, und das Prasseln des Regens vermischt sich mit dem Tosen der Bäume und begleitet mich tief in meinen Schlaf.

Leben ist anstrengend

Am nächsten Morgen ist die Uferstraße verschwunden. Hochwasser! Der Fluss ist so angeschwollen, dass wir kaum aus dem Haus kommen. Jetzt sind das andere Ufer – und die Klinik – tatsächlich in weite Ferne gerückt, weil wir die nächsten Brücken nicht erreichen können. Es fällt mir dann doch ein, wie ich fahren kann, aber es wird ein Riesenumweg; die alternative Brücke befindet sich 20 km flussabwärts.

Ich zeige Jacob und Titus den Weg. Ab Mittwoch sind sie und Chiara einige Tage allein mit Caspar. Capsar Vater und ich werden am 1. Juni losfahren, um uns ein Bild von den drei infrage kommenden Reha-Krankenhäusern zu machen. Ich nehme mir fest vor, diese Tour so lange wie nötig, aber auch so kurz wie möglich zu halten. Ich fahre nicht gerne, aber es muss sein.

Im Krankenhaus sprechen sie von einer eventuellen Verlegung Caspars. Nur ein Bluttest fehlt noch. Sollte dieser negativ ausfallen, ist Caspar den Barcelona-Keim losgeworden. Welche Erleichterung wäre das für ihn und uns alle.

Die Jungs sind im Krankenhaus. Chiara und ich kaufen T-Shirts für Caspar in der Stadt. Jede Abwechslung ist willkommen. Wir haben gute Laune und wollen auch der Mannschaft im Krankenhaus etwas Gutes tun. Eine Abwechslung zum Kantinenessen freut sie bestimmt. Unser Blick bleibt an frischem Müsli und Orangensaft hängen. Wie herrlich! Eine immense Menge an Obstsalat, Müsli und frischen Säften wandert in die Einkaufstüte. Wir beraten uns sehr ernsthaft in modischen Angelegenheiten – blaues T-Shirt, rotes T-Shirt –, auf jeden Fall mit V-Ausschnitt wegen der Trachealkanüle. Graue oder blaue Jogginghose, schicke Boxershorts, damit wir ihn raus aus den Krankenhaus-Hemdchen holen und ihn rein in ganz normale Kleidung stecken können. Wir sind fest davon überzeugt, dass auch so eine kleine Normalität ihm dabei hilft, sich etwas besser zu fühlen! Später werden die neuen Klamotten nicht kommentiert, das Obst essen wir allein, während die Jungen das Schnitzel in der Kantine bevorzugen. Wenigstens hatten Chiara und ich Spaß in der Stadt.

Seit vergangenem Freitag wird Caspar jeden Tag in seinen Rollstuhl gesetzt, um seine Lunge zu entlasten und seinen Kreislauf zu stabilisieren. Heute kommt noch eine zweite Übung dazu. Caspar sitzt aus eigener Kraft aufrecht auf seiner Bettkante. Vier Personen sind um ihn herum, um ihn zu stützen und aufzufangen, wenn seine Kräfte nicht reichen. Es fällt ihm schwer, den Kopf aufrecht zu halten. Die Füße stehen auf dem Boden. Wir versuchen, ihn in dieser Position fünf oder sechs Minuten zu halten. Die Physiotherapeutin erklärt mir, wie wichtig die Orientierung im Raum für einen Menschen ist. Es ist eine grundlegende Erfahrung, wenn die Füße tatsächlich auf dem Boden stehen, der Kopf erhoben ist. Caspar ist die Anstrengung anzumerken, seine rechte Gesichtshälfte wird rot, und er fängt an zu schwitzen; seine linke Gesichtshälfte bleibt blass.

Natürlich führen wir auch weiterhin bei jedem Besuch die Übungen durch, die wir in Barcelona gelernt haben. Das heißt, wir alle bekommen ein immer strafferes Programm.

Eine besondere Tortur ist das mehrmalige tägliche Absaugen der Lunge durch die Trachealkanüle. Schleim, der sich in der Lunge bildet, oder es mag auch einfach Speichel sein, kann nicht abgehustet oder heruntergeschluckt werden. Er bleibt also in der Lunge, und je mehr sich dort ansammelt, desto rasselnder und schwerer geht der Atem. Jeder Atemzug wird durch ein brodelndes Geräusch begleitet und fällt schwer und schwerer.

Das Prozedere ist ähnlich wie bei jedem Zahnarztbesuch. Wer kennt nicht den kleinen Plastikschlauch, der in den Unterkiefer hineingehängt wird, um den Speichel abzusaugen. So funktioniert es. Nur dass dieser Schlauch bei Caspar durch die Kanüle in den Kehlkopf eingeführt wird. Dort verschwindet er sicherlich bis zu 15 cm tief. Die Maschine erzeugt einen Unterdruck, und Sekret wird aus den Atemwegen abgesaugt. Mit schnellen, beinah kreisenden Bewegungen zieht die Pflegerin den Schlauch nach oben, um ihn unmittelbar danach wieder tief in die Kanüle zu stoßen. Diese Behandlung kann man mit mehr oder weniger Einfühlungsvermögen und Sensibilität ausführen. Die Atemwege sind dabei so gereizt, dass ein Hustenreflex ausgelöst werden kann und das Sekret wie ein Geschoss aus der Kanüle spritzt. Es ist anstrengend und vielleicht auch schmerzhaft für Caspar, sodass er nach Beendigung dieses Vorgangs nicht sofort weiteratmet. Manchmal hält er eine gefühlte Ewigkeit die Luft an. Das allein ist schon sehr beschwerlich, doch in Kombination mit seinen gebrochenen Rippen muss Caspar jedes Husten furchtbare Schmerzen bereiten. Mehr als einmal steht Jacob neben seinem Bett und stabilisiert von außen, durch einen kleinen Gegendruck, Caspars Rippenbögen. Hustet Caspar, drückt Jacob vorsichtig mit seinen Handflächen gegen Caspars Brustkorb und federt so die Erschütterung etwas ab. »Caspar, einatmen! Caspar, du musst atmen. Jetzt!«, höre ich ihn sehr ruhig, aber bestimmt mit Caspar sprechen. Und dann kommt der erlösende Atemzug. Geschafft – bis in drei Stunden.

Natürlich haben wir wieder alle Bilder in Caspars Zimmer aufgehängt und sämtliche Schätze ausgepackt. Es ist wichtig für die kleinen Vettern und Cousinen zu sehen, dass alles, was sie für Caspar tun, auch ankommt und wertgeschätzt wird. Caspar hat einen Riesenspaß an seiner Vettern- und Cousinen-Bande, und den Jüngeren ist er besonders zugetan. Durch diese Bilder und Fotos sehen die Pfleger der Station, dass Caspar eigentlich einen Bart trägt. Sie diskutieren mit Caspars Geschwistern, ob es nicht an der Zeit wäre, ihn wieder wachsen zu lassen, sie glauben, er gehört sicher zu Caspar. Warum nicht? Die Jungs meinen, Caspar trüge eher eine Art »Flecktarn« im Gesicht als einen Bart, aber ich freue mich zu sehen, wie sich die Pfleger um ihn als Person Gedanken machen.

Nicht nur Caspar bekommt Besuch. Die Freunde seiner Geschwister kommen genauso nach Heidelberg wie meine Freunde. Während wir abends durch die Altstadt schlendern, kommen wir nicht ganz auf andere Gedanken, schaffen aber die besten Voraussetzungen dafür. Ich genieße die Geräusche der Stadt, mal sitzen wir draußen und trinken einen Wein, mal gehen wir auch essen – die Freunde zu sehen tut gut!

Fester Boden unter den Füßen

Reden ist Gold

Die Tage kommen und gehen, und ich weiß schon kaum mehr, ob es Montag oder Donnerstag ist. Drückende Hitze. Kopfwehwetter, das kann Heidelberg gut. Ich nehme mir eine Tasse Kaffee mit in den Garten, genieße den frischen Morgen und versuche bewusst, an nichts zu denken. Die anderen schlafen noch. Heute Vormittag werden Jacob und ich zu Caspar gehen. Jacob hat mittlerweile ebenfalls sein Auto hier, ein altes Cabrio, und wir öffnen das Dach auf dem Weg ins Krankenhaus. Ich sauge diese Momente in mich hinein. Es sind schöne Bilder und Gerüche, kleine Fluchten aus einem ungeliebten Alltag.

Kaum schließt sich die Eingangstüre der Klinik hinter uns, steigt der Adrenalinspiegel und das Herz schlägt schneller. Wieder verwandeln wir uns in Schlümpfe. Der Bluttest vom Vortag ist leider nicht so ausgefallen wie erhofft. Daher gelten weiterhin die strikten Hygienemaßnahmen. Obwohl wir jedes Mal versuchen, uns in dieser kleinen Vorzimmerküche leise zu bewegen, klappt es nie. Daher entfällt das Anklopfen an der Zimmertüre, als wir zu Caspar gehen. Mir fällt heute besonders auf, wie sehr er abgenommen hat. Wie dünn seine Handgelenke und wie tief eingefallen seine Wangen sind. Er hat die Augen halb geöffnet, und ich beuge mich zu ihm herunter, um ihm einen Kuss zu geben und die Haare aus der Stirn zu streichen.

»Hallo Mami, hallo Jacob«, höre ich es leise aus der Kanüle mit dem Sprachaufsatz hauchen! Rau, eine Stimme wie geschmirgelt, aber eindeutig Caspar. Mir schießen die Tränen in die Augen! »Hallo, mein Caspar ...« Ich kann gar nichts mehr sagen. Jacob hat auch etwas gehört, ist sich aber nicht sicher, ob er dasselbe verstanden hat wie ich. Und alles Bitten nützt nichts, Caspar spricht nicht noch einmal. So sicher, wie ich weiß, dass »Trato« Traktor heißt, so sicher bin ich mir, dass Caspar gerade eben gesprochen hat. Ich kann es beschwören! Ich bin außer mir vor Glück! Die Gedanken rasen durch meinen Kopf! Was bedeutet das? Er weiß, wer ich bin, er weiß, wer Jacob ist, dann weiß er auch, wer er ist. Diese vier Worte beinhalten ein Universum an Möglichkeiten. Er ist sich seiner selbst bewusst! Wie unendlich viel hat er uns damit in die Hände gegeben. Das ist fester Boden, auf dem wir gemeinsam weiter aufbauen können. Jetzt fehlen mir die Worte. Ich laufe rasch in den Klinikvorgarten, suche mit meinem Telefon einen Netzanschluss und schreibe in unsere Chatgruppe: »*Caspar ist wach! Er hat uns erkannt und ›Hallo Mami, hallo Jacob‹ gesagt*«, und ernte ein Feuerwerk an roten Herzen, erhobenen Daumen und unglaublicher Mitfreude.

Meine älteste Nichte schickt mir ein Zitat aus dem Tagesevangelium. Brief an die Römer Kapitel 13, Vers 11: »Und dieses sollen wir tun als solche, die die Zeit verstehen, dass nämlich die Stunde schon da ist, wo wir vom Schlafe aufwachen sollten; denn jetzt ist unser Heil näher, als da wir gläubig wurden.«

»Ich habe es gewusst«, meint sie sehr ernsthaft, »wenn, dann heute!«

Dem lieben Gott sei Dank! »Lottozahlen kann ich aber nicht vorhersagen«, sagt sie etwas später.

Heute ist so viel passiert, der ganze Tag verschwindet aus meinem Gedächtnis. Nur Caspars Worte bleiben mir im Kopf und im Herzen.

Vor Jahr und Tag

Exactly a year ago Caspar and I startet this adventure. Now we are on a different one, but we manage well.

Jacob hat diese Worte über ein Bild geschrieben, das ihn und Caspar in James-Bond-Pose neben ihren Motorrädern zeigt, aufgenommen an dem Abend, bevor sie sich auf den Weg machten. Ich finde diese Bemerkung bei Facebook. Sie ist wie eine Antwort auf den vergangenen Tag, auf Caspars gehauchtes »Hallo Jacob«. Jetzt fällt es mir ein. Genau vor einem Jahr sind sie zu ihrer großen Motorradtour aufgebrochen.

»Du weißt schon, dass wir das mit der Reise ernst meinen?« Jacob sagt es betont beiläufig. Zu beiläufig, um die felsenfeste Absicht hinter dieser Beiläufigkeit zu verstecken.

»Ohne Führerschein und ohne Motorräder?«, entgegne ich ironisch. »Na, dann gute Reise.« Natürlich bin ich dagegen. Erstens wegen der Motorräder, zweites wegen der unaussprechlichen Länder, drittens wegen der zu kurzen Vorbereitungszeit und viertens überhaupt, es kommt einfach nicht infrage, basta!

Da meldet sich eine lästige kleine Stimme in meinem Kopf. Sie sagt mir, dass es überhaupt keine Frage von »Verbieten« oder »Erlauben« ist. Jacob und Caspar sind 26, sie werden einfach fahren. Eher sollte ich auf Knien dankbar sein, dass ich von diesem Unternehmen überhaupt frühzeitig in Kenntnis gesetzt werde. Hier ist machiavellistisches Geschick gefragt, frei nach dem Motto »Kannst du deinen Feind nicht besiegen, verbünde dich mit ihm«. Ich werde sie nicht von ihrem Vorhaben abbringen können. Also versuche ich, konstruktiv an die Sache heranzugehen und die Risiken so weit wie möglich zu minimieren. Michael unterstützt die beiden beim Kauf der Motorräder, und ich verschenke erstmal ein Sicherheits-Fahrertraining für Motoradfahrer.

Unterwegs teilen die Zwillinge eifrig ihre Erlebnisse in einem Blog und dokumentieren mithilfe eines GPS-Trackers die gefahrenen Kilometer. Unglaublich präzise, minutengenau in Echtzeit, sieht man einen kleinen Punkt sich auf einer beeindruckenden Landkarte Richtung Osten voranschieben. Bewegt sich der Punkt, ist alles in Ordnung. Steht er, dann kreisen die Gedanken. Steht er länger als einige Stunden still, dann klingelt das Telefon. Irgendjemand sieht es immer.

»Ist alles in Ordnung bei den Jungs? Der Standortanzeiger bewegt sich seit heute früh nicht mehr.«

»Wo stehen sie denn?«

Ich kann den Ortsnamen nicht lesen, der neben dem Punkt steht. Per … was? »Persepolis. Sie stehen bei Persepolis und werden es sich anschauen. Alles gut!«

Mir ist etwas anderes wichtig. Viel mehr als ihr aktueller Aufenthaltsort interessiert mich die Notruffunktion des GPS-Trackers. Man muss nur den Alarmknopf drücken, und eine Telefonkette, an deren Ende die elterlichen Telefonnummern stehen, setzt sich in Gang. Wie in der ersten Klasse. Das System schlüge Alarm, wenn in Tadschikistan oder Iran etwas passiert, und die Familien-Armada würde sich zur Rettung der verlorenen Söhne in Gang setzen.

So dachte ich mir das damals, aber so funktioniert es leider nur im Film. Mir scheint, die Realität sieht anders aus. Viel bürokratischer, regelbasierter, darauf bestehend, für alles, was man tut, eine Legitimation vorweisen können zu müssen.

Ich knüpfe an einen Gedanken an, der mir schon lange im Kopf und in der Seele herumgeht. Was passiert eigentlich, wenn mir etwas passiert? Ich ließe vier recht junge Erwachsene mit einem Haufen administrativer Belange zurück, von denen sie – glaube ich – wenig Ahnung haben. So schreibe ich eine Gebrauchsanweisung über mein Leben und meinen Schreibtisch. Welche Versicherung habe ich, was kostet sie und von welchem Konto wird der Beitrag gezahlt? Ich versuche, ihnen etwas an die Hand zu geben, das hoffentlich über die größten Klippen nach meinem Tod hinweghilft. Schnell wird mir klar, dass das nur funktionieren kann, wenn ich meine Kinder »vollumfänglich bevollmächtige«, wie das in schönstem Amtsdeutsch heißt.

Durch Jacobs und Caspars spezielle Reiseplanung bekommt auch der umgedrehte Gedanke eine ganz neue Dringlichkeit: Kann nicht theoretisch alles, was mir passieren kann, auch ihnen passieren? Ohne Vollmacht hätte ich oder jemand anders bei meinen erwachsenen Kindern rechtlich kaum einen Handlungsspielraum.

Ich bespreche diese Gedanken in aller Offenheit mit Caspar, Jacob, Chiara und Titus und bitte sie, eine Vollmacht von mir anzunehmen und darüber nachzudenken, auch ihrerseits einen Menschen ihres Vertrauens – eines der Geschwister, Paten oder Eltern – zu bevollmächtigen.

So sitzen wir ein paar Wochen später gemeinsam beim Notar. Die Atmosphäre ist weder heilig noch ehrfürchtig, und wir alle flachsen, was wir nun tun, welch üble Streiche wir uns nun gegenseitig spielen können. So tauschen wir gegenseitig Vollmachten aus in der festen Überzeugung, alles Wichtige geregelt zu haben und sie daher nicht zu benötigen.

Im Iran: Halbzeit der großen Motorradtour 2015

Auf der Suche nach Ehrgeiz

Schon in Barcelona hatten wir uns mit drei neurologischen Frühreha-Einrichtungen beschäftigt. Natürlich sind wir dabei zuerst den Spuren gefolgt, die Google uns ausgelegt hat. Die Internet-Auftritte der einzelnen Einrichtungen sind meistens schon sehr aussagefähig. Viel interessanter ist es jedoch, mit Menschen zu sprechen, die dort eine längere Zeit als Patient verbracht haben. Peu à peu ist es uns gelungen, mit ehemaligen Patienten genauso wie mit ehemaligen Ärzten aller drei Einrichtungen ausgedehnt zu sprechen. Wir haben berührende und erstaunliche Geschichten gehört, teilweise von Menschen, die uns nicht kannten und die trotzdem bereit waren, uns die Geschichte ihrer Krankheit und ihrer Genesung zu erzählen.

Ich erinnere mich an die Monate der Pflege meines kranken Vaters. Er hatte Lungenkrebs. Damals war die Strategie, auf die sich die ganze Familie verständigt hatte, die, dass er bis zum Ende, auf jeden Fall so lang wie möglich, zu Hause bleiben sollte. Seinerzeit haben wir Geschwister einen auf die Stunde genauen Kalender erarbeitet und uns darauf verständigt, wer wann kommt und wie lange bei ihm bleibt. Wir hatten alle eigene Familien, standen in unseren Berufen, und alle diese Belange hatten und haben zu Recht ihre Berechtigung und ihren Platz eingefordert. Alles war so organisiert und verabredet, dass wir die Betreuung unseres Vaters bis zu seinem Tod aufrechterhalten konnten. Wir wussten, dass sich keiner von uns die Frage zu stellen traute, die doch alles beherrschte: »Wie lange …?«. Und so, wie es war, war es auch nicht nötig.

Das Gleichgewicht muss stimmen. Keiner darf zu kurz kommen, jetzt genausowenig wie damals. Jacob, Chiara und Titus müssen mit ihrem Leben weitermachen und trotzdem Teil von Caspars Rehabilitation bleiben können. Gleiches gilt für Caspars Vater und mich.

Daher haben wir die Absicht, eine Situation um Caspar herum aufzubauen, die, wer weiß wie lange, lebbar sein soll. Wir sitzen im Garten meiner Großeltern, schauen abends über den Fluss und planen. Um die Entscheidung fällen zu können, welches die geeignetste Reha-Einrichtung für Caspar ist, muss ich einmal vor Ort gewesen sein, die Gebäude, die Atmosphäre wahrnehmen, mir das Umfeld einmal selbst angesehen haben. Wieder fühle ich mich als Laie, der eine schwierige, komplexe Entscheidung treffen soll. Michael und ich vereinbaren, in den ersten drei Junitagen die infrage kommenden Kliniken zusammen anzuschauen. Die kleine Reise geht durch Hessen, Bayern und Baden-Württemberg und ist somit gut zu schaffen. Hochnervös fahren wir aus Heidelberg weg, obwohl ich Caspar bei seinen Geschwistern bestens aufgehoben weiß.

Es ist das erste Mal in meinem Leben, dass ich mich sehr ernsthaft mit dem Thema Rehabilitation auseinandersetze, und das nicht freiwillig. Ich merke, dass ich Berührungsängste habe. Je näher das erste Krankenhaus kommt, desto mehr steigt meine Unsicherheit, die beinah in Widerwillen umschlägt.

Es ist eine große Freude, Dr. Sieger gegenüberzustehen. Er war eine der für uns so überaus hilfreichen Stimmen aus dem Hintergrund während der Wochen in Barcelona. Unglücklicherweise sind wir alle in Zeitnot. Wir begrüßen uns sehr herzlich, und Dr. Sieger übergibt uns an einen Kollegen, der uns durch das Haus führt. Ein nicht ganz neuer Gebäudekomplex mit Papierblumen an den Fenstern und einem Clown im Eingang. Es ist eine beeindruckende Einrichtung für Kinder und Jugendliche, aber nicht für Caspar. Ich vermute, dass Caspar, wenn er sich in dieser kindlichen Umgebung wiederfindet, denkt, wir hätten aufgehört, an ihn zu glauben. Während des Rundgangs meint unser Begleiter etwas beiläufig, als wir an der hauseigenen Schreinerei vorbeigehen: »Wissen Sie, wir schreiben hier sehr erfolgreich Biografien um.«

So wie ich neben ihm laufe in all meiner Angestrengtheit, Übermüdung und allgemeinen Dünnhäutigkeit, fällt mit dieser Aussage meine Entscheidung. Da ist wieder dieser Trotz in mir. Hier wird gar nichts umgeschrieben!, hämmert es in meinem Kopf. Niemand schreibt Caspars Biografie um. An diesem Punkt stehen wir nicht. Noch nicht. Bin ich arrogant?, grätscht es als Frage zwischen meine Gedanken. Ich habe von mir selbst den Eindruck, mit der Ignoranz eines ewig und immer gesunden Menschen hier herumzulaufen. Wie jemand, der einfach keine Erfahrung mit Krankheit und Behinderung hat, der unreflektiert, gedankenlos und ungerecht ist. Ich weiß sofort, wie dankbar ich eigentlich sein müsste und wie dankbar tatsächlich viele Menschen sind, dass es Einrichtung wie diese gibt. Ich habe Hochachtung vor allen Menschen, die hier arbeiten, aber Caspar sehe ich hier nicht. Danke, aber nein danke.

Ähnlich ergeht es mir auf der zweiten Station unserer Krankenhaustournee. Wir fahren auf den Parkplatz eines modernen weißen Gebäudekomplexes. Bungalow geht in Bungalow über, dazwischen Gärten. Ich sehe wenige Patienten; kaum jemand, der jünger als 60 Jahre ist. Im Gegensatz zu heute früh ist es hier sehr still. Zwischen blühenden Beeten mit Blick auf einen herrlich blauen Baggersee sitzen vereinzelt Patienten in ihren Rollstühlen und dösen. Viele wirken so, als ob sie sich ihrer selbst nicht bewusst wären. Wieder werden wir herumgeführt, laufen über endlose Flure. Wir bekommen so viele Informationen, dass ich mich nach einer halben Stunde schon nicht mehr an den Anfang des Gesprächs erinnern kann. Ein zweites Mal wundere ich mich, wie still es hier ist. Unsere Begleitung betont währenddessen, wie wichtig die Ruhe für die Patienten auf dem Weg zu ihrer Genesung sei.

Unverhofft landen wir in einem Physioraum. Er scheint der Stolz der Einrichtung und der Therapeuten zu sein. Ich gewinne den Eindruck, es handele sich hier um die neueste Technik. Oben an der Decke zeigt man uns Eisenbahngleisen ähnelnde Schienen, die in einem Oval angebracht sind. Daran ist mit mehreren Rollen und Seilen ein Tragegurt befestigt. Es mutet etwas hochalpin an, wenn ein Mensch in diesem Tragegurt hängt. Schulterriemen und Oberschenkelgurte geben dem Patienten Halt. Eine Maschine zieht ihn dann so weit nach oben, dass er auf seinen Füßen stehen kann, ohne sein Gewicht tragen zu müssen. Steht – vielmehr hängt – der Patient, bewegt sich die Apparatur entlang der Gleise an der Decke, und der Patient muss mitlaufen. Auf diese Weise kann ein erwachsener Mensch Laufen und auch gefahrloses Fallen lernen. Für mich hängt die ganze albtraumhafte Apparatur leer von der Decke runter und lauert auf seine nächste ohnmächtige Beute.

Ich versuche, mir vorzustellen, wie Caspar in diesem Gurt hängt, hochgezogen wird und laufen lernen soll. Ausgeschlossen, es geht nicht.

Caspar war immer ein ehrgeiziger und ambitionierter junger Mann. Ich wünsche mir dringend eine Umgebung für ihn, die ihn auf diese Art und Weise anspricht. In diesen Einrichtungen finde ich kaum Ehrgeiz. Ich realisiere, dass

Reha-Ziele für jeden individuell definiert werden müssen. Damit will ich nicht sagen, dass gar kein Ehrgeiz da war, ich habe ihn in diesem Moment nur nicht gesehen. Ich wünsche mir vehement einen Komplizen, der sich mit uns gegen die drohenden Folgen des Unfalls stellt, der uns hilft, Caspar sich selbst zu erhalten. Bevor ich verstehe und akzeptiere, was Caspar im Moment kann oder nicht kann, was geht oder nie mehr geht, möchte ich mit aller Kraft ausloten, was überhaupt möglich ist. Ich möchte, dass wir alle unsere Ziele hoch hängen. Ich möchte Caspar sagen, dass er nicht am Ende ist. Dass er sich vieles zurückerobern kann, was jetzt außerhalb jeder Reichweite zu liegen scheint. Caspar muss jetzt den Kampf seines Lebens kämpfen, und wir müssen ihn darin ermutigen, bestärken, anfeuern, auch trösten, wenn es sein muss, Verständnis zeigen und ihn animieren, an sich zu glauben. Ausruhen kann er sich wann anders. Aus unserem warmherzigen, schlauen, abenteuerlustigen Caspar wird kein bedauerlicher »armer Caspar« werden. Nie!

Nach diesen Begegnungen kehren wir frustriert und erschöpft in unser Quartier zurück. Ich sage beiden Einrichtungen ab. Was bleibt, ist, dass ich fast ein schlechtes Gewissen habe, dies zu tun, denn ich sehe sehr deutlich, wie viel Mühe sich die Mitarbeiter und Ärzte mit uns gegeben haben.

Schon früh am nächsten Tag brechen wir wieder auf. Weiter geht es zu unserer dritten Station. Die Nachrichten aus Heidelberg klingen gut! Ein netter Pfleger dort, der Caspar mobilisiert und in den Rollstuhl setzt, zeigt meinen Kindern eine kleine geheime Außenterrasse. Dort verbringen die Mitarbeiter der Station ihre Raucherpause mit Blick ins Grüne. In einer Art kleiner Verschwörung schleust er die drei und Caspar, in seinem Rollstuhl, auf diese Terrasse, und Caspar atmet seit Wochen das erste Mal frische Luft. Sie finden es herrlich!

Am Nachmittag erreichen wir Bad Aibling. Meine Schwester Claudia wartet schon auf uns. Wir sind hier mit ihr und einer Ärztin verabredet, die einige Jahre in dieser Reha-Klinik gearbeitet hat und uns herumführen kann. Wir betreten einen sehr hellen runden, weißen Bau. Die beiden sitzen vor einem kleinen Wasserbecken. Wie ein Wasserfall fließen grüne Pflanzenranken aus den oberen Stockwerken in das Becken. Im Zentrum des Rundbaus liegt ein kleiner, ebenfalls runder Garten. Es fällt sofort auf, dass manche Physiotherapieflächen zum Teil in die öffentlichen Verkehrsflächen übergehen. Ich empfinde das als vertrauenerweckend und gut. Dieses Krankenhaus gewinnt mich, als ich sehe, wie einige Besucher hier sitzen und Kaffee trinken, während eine halbe Etage höher eine Patientin, die zwischen den Stangen eines Barrens steht, das Laufen übt. Alles hat nebeneinander Platz, der ganze Bau ist sehr transparent. Wir besichtigen das Haus, und im Vorübergehen eröffnen sich immer wieder Blickwinkel in den Garten. Die Klinik liegt nicht, in Stille abgeschieden, inmitten einer lieblichen Landschaft, sondern am Rand eines kleinen Städtchens. Das Zentrum kann man in wenigen Minuten zu Fuß erreichen.

Ich erinnere mich an den Bericht einer jungen Frau, die mir erzählte: »Ich wollte so unbedingt wieder laufen lernen und meine Beinmuskeln trainieren, dass man mir abends noch ein Ergometer ins Zimmer gestellt hat, damit ich für mich weiter üben konnte.«

»Ist das richtig?«, möchte ich von der Ärztin wissen, die uns alles zeigt. Ich erfahre, dass diese Einrichtung in der

Lage ist, sehr viele Therapeuten zu beschäftigen. Sie können sich ganz auf die Patienten und ihren individuellen Leistungsgrad einstellen. Braucht ein Patient Ruhe, soll er sich ausruhen. Ist er in der Lage, noch eine Therapieeinheit zu verkraften, kann er eine zusätzliche Therapiestunde erhalten.

Bingo! Das ist es, genau das habe ich gesucht.

Dienst nach Vorschrift

Voller – emotional sehr anstrengender – Eindrücke sind wir zurück in Heidelberg. Jacob, Chiara und Titus haben Caspar wunderbar zur Seite gestanden und sind randvoll mit glücklichen Geschichten. Sie haben mit ihm viel erlebt, das Anlass zu den schönsten Hoffnungen gibt. Sie haben alle mit ihm gesprochen, und Caspar ist in der Lage, stakkatoartig zu sagen, was er möchte. Alex war da. Alex, Caspars Freund, der uns allen so ans Herz gewachsen ist. Er kam mit großem Aufwand nur für einen Tag, um Caspar zu sehen.

Endlich ist der Barcelona-Keim verschwunden, und Caspar wurde auf die Station für Patienten mit Querschnittslähmungen verlegt. Eigentlich gehört er gar nicht dorthin. Er liegt dort nur so lange, bis alles Weitere für seinen Transport in die eigentliche Reha-Klinik vorbereitet ist. Dass Caspar »fit« genug ist, um sich solch einem Reha-Aufenthalt zu unterziehen, wurde uns schon vor drei Tagen gesagt. Wir brauchen jetzt nur die endgültige Aufnahmebestätigung der Klinik aus Bayern. Das Wochenende macht uns dabei einen dicken Strich durch die Rechnung, zwei Tage passiert einfach nichts. Zwei Tage, die wir, wie mir scheint, verlieren. Mir kommt es gar nicht in den Sinn, diese Tage als eine Möglichkeit, mich zu erholen, wahrzunehmen. Ich fühle mich wie zum Stillstand verdonnert. Neben der noch nicht bestätigten Aufnahme ist auch noch die Frage völlig offen, wie Caspar überhaupt in diese Klinik gelangen soll. Zwischen ihm und der Reha-Klinik liegen immerhin 400 unwägbare Kilometer.

Für den Moment liegt Caspar in einem Zimmer im Erdgeschoss eines Seitentraktes. Vor seinem Zimmer gibt es eine kleine Terrasse. In den vergangenen Tagen hat er es sehr genossen, mit dem Rollstuhl im Freien zu sitzen. Seine Geschwister führen kleine »naturwissenschaftliche Experimente« mit ihm durch – ich bin froh, dass ich nicht dabei bin. Sie kommandieren Caspar nach Herzenslust, und er ist in der Lage, auf ihre Order hin gezielt den rechten Arm zu bewegen oder die Hand oder auch den Fuß. Sie bewegen ihn durch, genauso wie wir es verinnerlicht haben, hören Musik, bis Caspar selbst sagen kann: »Die Musik nervt.«

Irgendeiner der drei kommt auf die Idee und kauft eine Flasche Cola. Sie drücken Caspar die kühle Flasche in die Hand und haben den Eindruck, dass er dieses Gefühl wiedererkennt und mag. Kleine Schwämmchen, die auf Stäbchen stecken, tauchen sie in die Cola hinein und berühren dann Caspars Lippen und Mund vorsichtig mit der Flüssigkeit. Caspar erkennt den Geschmack, saugt mit Freude an dem Schwämmchen und möchte mehr und mehr Cola auf diese Weise haben. Sie amüsieren sich miteinander, und der alte, etwas ruppige geschwisterliche Tonfall kommt zurück.

Ich bespreche mit den diensthabenden Ärzten die Art und Weise eines angemessenen Transportes für Caspar und bin völlig perplex, als ich von ihrer Einschätzung erfahre. Sie schlagen tatsächlich einen Transport mit einem Krankenwagen von Heidelberg nach Südbayern vor. Meine letzte Fahrt im Krankenwagen ist noch nicht so lange her, ich erinnere mich gut daran und stehe dieser Idee daher doch etwas skeptisch gegenüber. Die Begleitung durch einen Arzt ist für Caspar ebenfalls nicht vorgesehen. Ich beschließe, diese Auskunft nicht weiter ernst zu nehmen und erst einmal bei der Krankenkasse herauszufinden, was wir überhaupt für Möglichkeiten haben.

Telefonate mit der Krankasse haben ihren eigenen Charme. Rufe ich an, bekomme ich sehr freundlich erklärt, dass mein Sohn nicht bei unserer Krankenversicherung versichert ist. Daraufhin beginne ich, die verschiedenen Varianten seines Namens zu buchstabieren, bis er dann doch gefunden wird. Ich verstehe, dass eine hausinterne Unterabteilung der Krankenversicherung für uns zuständig ist, da Caspar seinen Unfall im Ausland erlitten hat. Leider verstehen es die Telefonistinnen und Telefonisten nicht. Haben wir dann darüber Einigkeit erzielt, dass diese Krankenkasse doch für uns zuständig ist, dann hat die oder der Sachbearbeiter gewechselt. Ich erzähle immer wieder von vorne, was passiert ist, und nach 20 Minuten sind wir dann so weit, zu der eigentlichen Fragestellung zu kommen. Dies spielt sich mehrmals täglich ab. Auch das Gespräch mit den Ärzten empfinde ich als schwierig. Am Wochenende ist sowieso niemand zuständig, und es kommt hinzu, dass hier auf der neuen Station niemand Caspar und seine Geschichte kennt. Auch den Dreiklang »neue Station – neues Personal – neue Medikamente« habe ich noch nicht entdeckt. Mehrmals am Tag renne ich zwischen dem Außenbereich des Krankenhauseingangs, dem Garten der Cafeteria und Caspars Zimmer hin und her auf der Suche nach dem Mobilfunknetz, um all die Anrufe zu beantworten, die ich in seinem Zimmer verpasst habe.

Nach mehreren Gesprächen mit verschiedenen Menschen, die den Bruchteil eines Augenblicks für uns zuständig sind, kann ich die Vereinbarung erreichen, dass Caspar mit dem Hubschrauber nach Bad Aibling gebracht wird. Philipp, unser bester Fluglotse, forscht wieder nach einem passenden Helikopter. Alles klappt erstaunlich zügig. Wir schaffen es an einem Samstagmittag, für Caspar ein Upgrade vom Krankenwagentransport ohne Begleitung auf einen Hubschrauberflug mit ärztlicher Begleitung zu verhandeln. Die Anordnung des Flugs aus medizinischer Sicht ist niedergeschrieben, jetzt müssen wir nur noch eine Gesellschaft finden, die den Flug durchführen wird. Natürlich habe ich keine Idee davon, um wie viel komplizierter ein Hubschrauberflug als ein Flug mit einer Linienmaschine ist. Hubschrauber fliegen tief und auf Sichtweite. Es dürfen keine Gewitter oder Stürme entlang der Flugstrecke sein.

Es ist später Nachmittag, als ich wieder in Caspars Zimmer komme, dort zwei Krankenschwestern antreffe und eine nervöse, hektische Atmosphäre wahrnehme. Alles war so weit in Ordnung, als ich das Zimmer verlassen hatte, nun herrscht Aufregung. Irgendetwas stimmt nicht. Caspar sieht sehr abgespannt aus, er ist angestrengt. Seine Lunge wird engmaschiger abgesaugt. Die heißen schwülen Tage stehen über der Stadt und machen uns allen, und besonders Caspar, zu schaffen. Die eine Schwester, die das Zimmer verlässt, ruft ihrer Kollegin zu, sie würde ein starkes Schmerzmittel holen. Ich höre etwas wie Morphium heraus und frage nach.

Die Krankenschwester erklärt mir schnell, dass Caspars Blutdruck plötzlich sehr angestiegen sei. Sein Herz rast, und er schwitzt stark. Sie sagt mir, es sei ein Unruhe- oder Angstzustand entstanden, es könnte aber auch eine Schmerzattacke sein. Meine Gedanken überstürzen sich. Ich möchte nicht, dass Caspar Morphium bekommt! Caspar kämpft so sehr darum, an die Oberfläche zu schwimmen, um endlich aufzutauchen, da können wir ihn doch nicht mit Morphium wieder ins Nirwana zurückschießen. Ich schaue Caspar genau an, wie er mit verkrampftem Gesichtsausdruck auf seiner rechten Seite liegt. Da sehe ich es. Er liegt auf seiner rechten Seite! Um größtmögliche Ruhe und Freundlichkeit bemüht frage ich, warum Caspar auf seiner rechten Seite liegt. »Wir haben ihn umgelagert.« – »Warum?«, hake ich nach. »Er wird alle drei Stunden neu gelagert, das ist unser Pflegestandard. Rechte Seite, linke Seite, Rückenlage, das machen wir immer so«, erhalte ich als Antwort. Ich frage, ob sie weiß, dass Caspar rechts eine Rippenserienfraktur hat. Nein, das weiß sie nicht. Ich frage noch einmal nach, was sie denn überhaupt über diesen Patienten beziehungsweise über seine Verletzungen weiß. Sie weiß genau das, was auf ihrem Blatt steht. Welche Verletzungen er hat, weiß sie nicht, sie kennt die Diagnosen nicht.

Ich bitte sie, Caspar auf seinen Rücken oder die linke Seite zu lagern. Nach einer kleinen Diskussion, warum wir jetzt den Pflegestandard sofort verlassen, legen wir Caspar zurück auf seinen Rücken. Innerhalb weniger Augenblicke entspannt er sich, Herzschlag und Blutdruck fallen, und es gibt kein Morphium. Ich denke lange darüber nach, wie es sein kann, dass diese Krankenschwester so offensichtlich nicht weiß, welchen Fall, welchen Patienten sie vor sich hat. Sie müsste die Krankengeschichte doch kennen. Ich will das nicht verallgemeinern, aber ein Einzelfall scheint es auch nicht zu sein. Ich schaue keine Arztserien im Fernsehen, und mir fehlt das tiefere Verständnis für den Alltag einer Klinik, aber auch wenn ich Zeitmangel und Überlastung berücksichtige, sollte doch die rudimentäre Kenntnis über den Patienten, an dessen Bett ich stehe, zum Einmaleins des Pflegepersonals gehören. Wahrscheinlicher ist, dass dies nicht so sein wird, solange das Paradoxon, die Hinwendung zu einem kranken Menschen den Regeln ökonomischen Wirtschaftens zu unterwerfen, nicht aufgelöst wird.

Vor diesem Hintergrund verstehe ich, dass ein Patient im Krankenhaus eine Begleitperson an seiner Seite haben sollte. Jemanden, der vermittelt, der weiß, was geschehen ist, und der den Patienten kennt.

Abends ist Caspar total erschöpft und beginnt, etwas Fieber zu entwickeln. Er liegt ruhig in seinem Bett, und ich schlafe im Stuhl daneben ein. Jacob ist da. Ich bin erleichtert, ihn neben mir zu haben. Caspars Atem rasselt, und ich wache auf. Wieder wird Caspars Lunge abgesaugt. Diese Prozedur bringt mich eindeutig an meine Grenzen. Wir bauen vorsichtig von zwei Seiten Gegendruck auf seine Rippen auf, während der Absaugschlauch mit einem schmatzenden Geräusch in seiner Kehle verschwindet. Um ihm das Husten zu erleichtern, fangen wir die Erschütterung seines Brustkorbes mit unseren Händen ab. Ich ertappe mich dabei, wie ich mich beinah abwende, als das Sekret aus seiner Trachealkanüle spritzt, und reiße mich zusammen. Was zeige ich damit Caspar und der Krankenschwester? Ich fange mich gerade noch in der letzten Sekunde ein und sehe, wie Jacob in stoischer Ruhe an Caspars Seite steht, sich nicht muckst, als der Segen sich auf seine Hände ergießt, und in größter Gefasstheit Caspar das Kommando zum Weiteratmen gibt. Ich bewundere ihn!

Caspars Temperatur steigt im Laufe des Abends weiter an, nicht viel, aber immerhin.

Es braucht nicht viel, um mich nicht schlafen zu lassen, und so grüble ich die halbe Nacht lang, was für eine neue Schwierigkeit sich mit dem Fieber ankündigen könnte. Morgen ist Sonntag, oder Montag, das Rauschen des Flusses nimmt mich mit, ich versuche, gegen den Strom zu schwimmen, während sich gleichzeitig in mir die Überzeugung breitmacht, nie mehr diesem sich abwärts drehenden Strudeln entkommen zu können.

Die drei Tenöre

Es ist ein ruhiger Sonntagmorgen, als ich in die Klinik komme. Ich laufe die weitverzweigten Flure entlang unfreiwillig auf immer neuen Wegen zu Caspars Zimmer.

Drei junge Ärzte kommen mir im Gleichschritt entgegen. Mit federndem Gang nehmen sie die ganze Breite des Flures ein, die weißen Kittel wehen ihnen hinterher. Groß und raumgreifend, selbstbewusst und souverän kommen sie mit weit ausholenden Schritten auf mich zu. Sie machen den Flur zu ihrer Bühne und die Anwesenden zu ihrem unfreiwilligen Publikum. Mit entrücktem Blick schauen sie den Flur entlang. Ich sehe, wie sie sich beinah in Zeitlupe bewegen. Augenblicklich schaltet sich mein Kopfkino ein. Diese Szene am Strand, wenn sich zwei mit schwingenden Armen aufeinander zubewegen, habe ich vor meinem inneren Auge.

Aber hier auf dem Flur kommt man an ihnen nicht vorbei. Den Blick fest in die Zukunft auf den Chefarztposten am Ende des Flures geheftet, können sie mich nicht sehen. Ich gebe ihnen ihren Raum und weiche aus, indem ich mich in eine Türnische stelle. Sie schreiten vorbei, und ich platze fast vor Lachen.

Das Lachen vergeht mir jedoch sofort wieder, als ich die drei in Caspars Zimmer wiedertreffe. Ich finde Caspar mit Wadenwickeln und sehr dünn angezogen aufgedeckt in seinem Bett liegend. Er soll schwitzen. Jetzt mache ich mir ernste Sorgen, Angst steigt in mir auf. In dem gesamten klinischen Verlauf haben wir, bis jetzt, keine Zwischenfälle gehabt, keine Störung oder Komplikation. Das soll so bleiben!

Einer der drei Tenöre, mit besonders sorgfältig gegelten und aus der Stirn nach hinten gekämmten längeren Haaren, versucht, mir meinen Sohn zu erklären. Ich erfahre, dass Caspar eine beginnende Lungenentzündung hat. Mit dem Wechsel auf diese Station wurde das Antibiotikum abgesetzt. »Hier auf der Station XY pflegen wir einen besonders verantwortungsbewussten Umgang mit Antibiotika«, wird mir erklärt. Erst wenn alle Alternativen ausgeschöpft sind, wird ein Antibiotikum eingesetzt.

Ein Einser-Abitur – er kann nichts dafür, denke ich mir, damit ich nicht sofort explodiere. Ich ziehe ganz ruhig meinen treuesten Begleiter, die Vollmacht, aus der Handtasche und überreiche sie dem Arzt. »Wissen Sie, was das ist? Ich sage Ihnen im Namen meines Sohnes, dass er umgehend mit einem Antibiotikum behandelt werden will.« Der kalte Engel lässt keinen Widerspruch zu. Der junge Arzt beugt sich, wahrscheinlich so wie er es gelernt hat, zu Caspar, der im Koma liegt, herunter und schreit ihn an. »Herr Hoensbroech«, langsam und laut, wie man eben mit schwerhörigen, begriffsstutzigen Patienten spricht, »Herr Hoensbroech, wollen Sie ein Antibiotikum haben?« – »Ja! Er will!«, knurre ich ihn an und setze mich durch.

Wir müssen weg. So schnell wie möglich. Mir wird klar, dass Caspar im Moment hier nur verwahrt wird und eigentlich niemand mit ihm etwas anfangen kann. Wie soll es auch anders gehen? Ich weiß, ich bin sicher auch ungerecht, aber hier dürfen wir nicht länger bleiben.

Auch Michael und Titus können nicht länger bleiben. Sie verabschieden sich von uns und fahren zurück ins Rheinland. Das Leben und der Alltag gehen weiter. So haben wir es gewollt, es ist richtig und fällt trotzdem allen so schwer!

Warten auf Godot

Strahlender Sonnenschein. Chiara schreibt in unsere Familien-Chatgruppe:

Guten Morgen, ihr Lieben, die Zwischenstation Heidelberg neigt sich dem Ende zu. Hier scheint die Sonne, und Caspar ist abflugbereit, aber wir warten noch auf die Bestätigung des Helikopters. Wir melden uns, sobald es losgeht! Umarmung

Wetterbericht vom 06.06.2016 für Heidelberg: »Es wird richtig, richtig warm! Heute anfangs vom Süden bis in den Nordwesten noch gebietsweise Nebel. Am Vormittag ist es in der Westhälfte sowie im Bergland Mittel- und Süddeutschlands zunächst heiter, ab dem Nachmittag ziehen kompaktere Wolken auf, und stellenweise bilden sich Schauer, örtlich auch kräftige Gewitter, lokal mit Starkregen.«

Wie in den Tagen zuvor ist es schwül. Die Temperatur tanzt rund um 30 Grad!

Seit heute früh um 8 Uhr liegt Caspar auf einer schmalen, harten Trage. Um halb neun soll er abgeholt werden. Um 9 Uhr wird dann der Helikopter starten. Caspar ist präpariert für den Flug in die Reha-Klinik. Er liegt bei um die 30 Grad unter einer Decke, er trägt seine Jogginghose mit T-Shirt, am Ende der Trage schauen seine Füße unter der Decke heraus, die in seinen Chucks stecken. Wenn der Hubschrauber kommt, muss alles schnell gehen. Alles geht schnell, nur die Zeit vergeht langsam. Um nicht darauf warten zu müssen, ob sich die Krankenkasse entscheiden kann, ob Caspar bei ihr versichert ist oder nicht, habe ich schon am Samstag die Kostenübernahme des Fluges selbst unterschrieben. Wer unterschreibt, ist eigentlich recht unerheblich, es kommt auf die Überweisungsbestätigung der Bank an. Uns wird von der Fluggesellschaft glaubhaft versichert, dass es keinen Flug ohne geregelte Kostenübernahme gibt, was zu verstehen ist. Damit wir Zeit gewinnen, beschließen wir, die Kosten selbst zu tragen, um sie uns später von der Krankenkasse zurückzuholen.

Es lohnt sich an dieser Stelle, einen Ausflug zu machen in die Zeit, als Banken, Rechtsanwälte oder Steuerberater lebenslange Bezugspersonen waren, die eine ganze Familie über Generationen hinweg begleitet haben. Nur deshalb ist es mir möglich, an einem Samstag eine Bankbestätigung über die Überweisung vorzulegen, die am Montag ausgeführt wird. In einem Hotel in der Innenstadt, das meine Familie seit vielen Jahren kennt, darf ich den Auftrag für Caspars Transport ausdrucken, um ihn zu unterschreiben. Selbstverständlich scannt die Dame am Empfang das unterschriebene Dokument ein und verschickt es als E-Mail an die Rettungsflugwacht. Es lohnt sich, in langfristige Beziehungen zu investieren. Ich erfahre Hilfe und Unterstützung dort, wo ich darum bitte.

»Leider können wir Ihnen nicht sagen, wann der Flug durchgeführt wird, wir warten auf gutes Wetter!« – »Hier scheint die Sonne, der Himmel ist wolkenlos. Wie viel schöner muss das Wetter sein, damit Sie fliegen können?«, frage ich den Herrn der Rettungsflugwacht am anderen Ende des Telefons. Es ist das erste Telefonat von mehreren an diesem Vormittag, das wir miteinander führen werden. Ich schreibe in unseren Familienchat:

Warten, warten, warten … irgendwo ist Nebel!

Die Autos stehen fertig gepackt draußen auf dem Klinikparkplatz. In aller Frühe haben Chiara und ich unsere Siebensachen gepackt, den Kühlschrank geleert und Küche und Wohnzimmer aufgeräumt. Auch Jacob hat all seine Dinge in seinem Auto verstaut, und es herrscht Aufbruchsstimmung. Wir fühlen uns ein bisschen wie auf der Flucht in dem Gefühl, das Lebensnotwendige bei uns zu haben, um sofort von einem zum nächsten Ort umzuziehen. Das Haus ist abgeschlossen. Als ich gehe, drehe ich mich um und rufe laut »Danke euch allen!« in den Hausflur zu all meinen guten Geistern! Man kann sich nicht nur von Menschen verabschieden, man kann sich auch von Häusern, Plätzen und Orten verabschieden. Ich bin dankbar, dass mich das Haus der Großeltern genauso selbstverständlich aufgenommen hat wie in alten Zeiten.

Es ist 11.30 Uhr. Keiner weiß, was kommt. Der Mann am anderen Ende des Telefons berichtet, dass gerade ein Notfall vorliegt und ein unerwarteter Einsatz geflogen werden muss. Ich schaue aus dem Fenster und sehe schönsten Sonnenschein. Caspar schwitzt und leidet auf seiner Trage. Uns sind die Hände gebunden, und wir warten. Die Reha-Klinik aus Bayern ruft mich an und will wissen, wann Caspar kommt. Die Aufnahme dort ist lediglich bis vier Uhr besetzt. Ich versichere der Sekretärin, dass es nicht an mir liegt und ich liebend gerne Rücksicht auf die Öffnungszeiten der Aufnahme nehmen würde.

Wieder berichtet der Mitarbeiter der Luftrettung von schlechten Wetterverhältnissen. Es ist 14 Uhr, ich sitze mit meiner Barcelona-Sonnenbrille auf Caspars Terrasse im Schatten und kann das überhaupt nicht nachvollziehen, aber das ist auch nicht relevant. Sie fliegen einfach nicht!

Wind frischt auf. Es ist 15.30 Uhr. Der Himmel verdunkelt sich. Jetzt ist es zu spät, denke ich. Das denkt der Mann der Flugrettung auch, wir telefonieren ein letztes Mal, und er sagt den Flug für heute endgültig ab. Vielleicht klappt es ja morgen. Ich könnte heulen.

Caspar darf zurück in sein Bett. Er ist tief versunken in sich selbst und reagiert nicht. Das Antibiotikum fängt an zu wirken, das Fieber geht zurück, aber das engmaschige Lungenabsaugen bleibt ihm nicht erspart. Seine Übungen erlassen wir ihm heute, er wird nicht in den Rollstuhl gesetzt; wir möchten ihm keine zusätzlichen Anstrengungen zumuten.

Jacob, Chiara und ich schlagen eine Rolle rückwärts. Wir holen abends den Schlüssel zu unserem Quartier wieder ab, sperren das Haus auf und verbringen einige Stunden dort in dem Versuch, keine Spuren zu hinterlassen, die wir am nächsten Morgen wieder aufräumen müssten.

Pilot und Geisterfahrer

Wir bewegen uns in einem Déjà-vu. Als hätten wir in dem Film »Und täglich grüßt das Murmeltier« überraschend eine Rolle bekommen, wiederholen sich exakt die Abläufe des gestrigen Tages, nur ohne Frühstück, denn den Kühlschrank haben wir ja gestern schon geleert.

Chiara und ich fahren mit dem vollgeladenen Auto abermals in die Klinik. Regen liegt in der Luft. Durch das Gewitter letzte Nacht atmet alles auf, die drückende Hitze ist beinahe verschwunden, aber nach Flugwetter schaut es am Himmel nicht aus.

Wieder ist Caspar abflugbereit eingepackt, nicht bei sich und völlig ergeben in die Situation. Die Flugrettung verschiebt den Flug von Stunde zu Stunde. Das Wetter ist zu unsicher. Wieder gehen wir abwechselnd in die ungeliebte Kantine und in den Garten, in dem man die Zeit etwas aushalten kann.

Da melden sich am späten Mittag die »Johanniter« bei uns. Die Geschichte fängt an wie ein Witz: »Treffen sich drei Piloten in einer Kantine …« Wir erfahren, dass in einer Kantine – irgendwo – mehrere Piloten zur gleichen Zeit das Bedürfnis hatten, etwas zu essen. Sie tauschen sich aus, und einer erfährt vom anderen, dass wir in Heidelberg dringend auf einen Flug nach Bayern warten. Verschiedene Flugrettungsgesellschaften haben und fliegen verschiedene Maschinen, und der Hubschrauber der Johanniter scheint die Witterungsverhältnisse nicht zu scheuen. Sie melden sich bei uns, ob wir einverstanden sind, wenn sie mit Caspar fliegen. »Wie schnell kann Caspar transportfähig gemacht werden?« – »Das ist er schon seit gestern.« – »Wir kommen sofort, das kriegen wir heute noch hin. Wir trinken noch unseren Kaffee, und dann starten wir«, höre ich zu meinem größten Erstaunen.

Überglücklich kann ich gar nicht fassen, wie schnell der Hubschrauber bei uns ist. Ein sympathischer Arzt der Hubschrauberbesatzung kommt zu Caspar ins Zimmer und bespricht alles Notwendige mit dem Stationsarzt. Ich versuche, ihm noch kurz zu versichern, dass wir die Kosten tragen werden, als er mich anschaut und sehr freundlich erwidert: »Darüber machen Sie sich mal keine Gedanken. Es geht jetzt darum, dass Ihr Sohn schnellstmöglich die Reha-Klinik erreicht. Alles andere klären wir in den nächsten Tagen.«

Seine selbstverständliche, ruhige Freundlichkeit trifft mich wie ein Pfeil mitten ins Herz. Sie trifft mich mit Wucht und völlig unvorbereitet. Mit einem Satz rückt er die Prioritäten in die richtige Reihenfolge. Seit Tagen bin ich so angespannt und habe das Gefühl, permanent aufpassen und mich durchsetzen zu müssen, dass ich diese innere Habt-Acht-Stellung einfach nicht mehr ablegen kann. Ich halte es gar nicht mehr für möglich, nicht kämpfen zu müssen; ich kann es nicht glauben, dass ein wildfremder Mensch die Dinge so betrachtet, wie ich sie eigentlich auch gerne sehen möchte. Nur traue ich es mir nicht mehr zu und fürchte, mit meinen Ansichten als Geisterfahrer unterwegs zu sein! Prompt zieht sich mein Hals zu, und das Atmen fällt schwer. Ich schäme mich etwas. Keiner von uns kann Caspar auf seinem Flug begleiten. Es wird auch nicht nötig sein. Ich weiß nicht, was er wahrnimmt, und wenn er doch den Flug und den Arzt realisiert, wird er sich gut aufgehoben fühlen.

Caspar ist in der Luft!! Vielen Dank noch mal an den Flugkoordinator 1PO und Line, die in Bad Aibling auf Caspar wartet! Umarmung in die Runde. *(Chiara)*

Caspar ist in der Luft! Wir haben es geschafft. Ungläubig schauen wir ihm hinterher, beobachten, wie sich der rote Helikopter weiter in den Himmel schraubt und neckaraufwärts davonfliegt.

Jacob, Chiara und ich stehen am Boden, umarmen uns fest und wissen, dass wir die Talsohle durchschritten haben und es für Caspar, den alten Gebirgsjäger, ab jetzt wieder aufwärtsgeht! Das Schlimmste ist überstanden, den Rest kriegen wir auch noch hin. Nach einem Augenblick des Durchatmens reißen wir uns voneinander los und springen in die Autos. Wir sehen den Hubschrauber weit am Horizont und fliegen mit den Autos über die Straße untendrunter und hinterher.

Wie viele Teile sind ein Ganzes?

Der Adler ist gelandet

Caspar ist noch in der Luft. In Bad Aibling warten meine Schwestern auf ihn. Jacob setzt sich mit seinem Auto Richtung München in Bewegung, Chiara und ich fahren unabhängig von ihm in meinem Auto. Damit wir nicht alle im selben Stau stecken bleiben, nehmen wir zwei verschiedene Routen. Es gibt eine Baustelle an der Ortseinfahrt von Bad Aibling, sodass der Hubschrauber nicht an der dafür vorgesehenen Stelle landen kann. Einige Kilometer weiter weg wird ein alternativer Landeplatz gefunden. Dort wird Caspar in einen Krankenwagen umgeladen, der ihn direttissimo in die Klinik bringt, wo Claudia und Line ihn in Empfang nehmen.

Alles klappt wie verabredet und vereinbart. Natürlich ist es nach 17.30 Uhr, als Caspar das Krankenhaus erreicht, aber die Aufnahme hat ein Einsehen mit uns, und Caspar bekommt sein Zimmer, während meine Schwestern zusichern, dass alle administrativen Erfordernisse am nächsten Morgen gewissenhaft erledigt werden.

Unsere Fahrt ist entspannt und geht reibungslos vonstatten, gegen 21 Uhr erreichen wir das Krankenhaus. Ein lauer voralpenländischer Sommerabend umgibt uns, wir atmen auf und sind froh, der drückend heißen Witterung in Heidelberg entkommen zu sein. Hier weht eine kühle Brise von den Bergen, deren scharf geschnittene Silhouette sich rosa und wunderschön vom Horizont abhebt.

Caspar ist ruhig und stabil, aber fix und fertig. Während er schläft, sprechen wir mit den Nachtschwestern und Pflegern, und wieder beginnt alles damit, Kopien meiner Vollmacht zu hinterlegen. Wir werden auch sofort danach gefragt, es ist kein Akt des vorauseilenden Gehorsams von unserer Seite aus. Als Erstes hängen wir einen Zettel über Caspars Telefon auf, mit allen relevanten Telefonnummern und Adressen seiner Eltern. Einen zweiten geben wir auch im Stationszimmer ab.

Wir bleiben noch eine kleine Weile und freuen uns über das nette kleine Zimmer, das Caspar zugewiesen wird. Die hellen Holzmöbel wirken freundlich, genauso wie der Balkon, von dem man über einen Parkplatz hinweg in einen kleinen Park schauen kann. Caspar schläft, und erschöpft fahren wir schließlich die letzten 70 Kilometer zu dem Haus meiner Schwester, in dem wir herrliche Betten und ein über die Maßen großzügiges Zuhause auf Zeit finden.

Orientierung

Natürlich macht sich jede Klinik ihr eigenes Bild über die allgemeine Konstitution, in der ein Patient eintrifft. Ich habe Bücher an Diagnosen aus Heidelberg dabei, doch es scheint unumgänglich zu sein, noch mal eine eigene Bestandsaufnahme der Situation zu erstellen. Ich hätte Caspar gerne diese sich wiederholenden Röntgenuntersuchungen erspart. Aber die gute Nachricht ist, dass alle Brüche tatsächlich gut und ohne Probleme verheilen, was man gute vier Wochen nach dem Unfall schon sehen und sagen kann.

Ich bin früh aufgestanden und wieder 70 Kilometer zurück in die Klinik gefahren. Das wird in der nächsten Zeit so bleiben, und daher versuche ich, mir den besten Weg, nützliche Abkürzungen für den Fall, dass es auf der Autobahn Staus gibt, sowie alternative Routen aller Art einzuprägen. Etwa eine Stunde brauche ich für diesen Weg. Kann es sein, dass die tatsächlichen Wege zwischen Caspar und uns von Station zu Station länger werden? Und ist dies ein Bild für sein Streben nach größtmöglicher Selbstständigkeit? Soll ich sehen, dass er schon gut einen halben Tag ohne uns sein kann? Mir ist klar, dass sich alles in diese Richtung bewegen wird. Je besser es ihm geht, desto weniger braucht er uns. Mir wird bewusst, dass wir am Ziel aller Anstrengungen sind, wenn die Grenzen zwischen Loslassendürfen und Loslassenmüssen verschwimmen. Wenn ich mit Freude tue, was mir unvorstellbar erscheint.

Ich finde mich schnell in diesem hellen Rundbau der Klinik zurecht – irgendwann kommt man einfach dort vorbei, wohin man will, wenn man zwischendurch nicht die Richtung wechselt. Caspars Zimmertüre steht weit offen, und ich beobachte von draußen, wie ein Pfleger über Caspars Bett gebeugt steht und ihn in Stille betrachtet. Dieser Augenblick wirkt auf mich so erhaben, dass ich auf dem Flur stehen bleibe und dieses Bild tief in mich aufnehme. Der Pfleger schaut Caspar intensiv an, hält Caspars Hände in seinen Händen, und es wirkt auf mich, als versuche gerade ein Mensch einen anderen Menschen zu »be-greifen«, als ob zwei vor meinen Augen eine stumme Zwiesprache miteinander halten. Es ist ein so intimer Moment, dass ich einige Schritte weiter gehe und das Stationszimmer aufsuche.

Alle Anmeldungen, Einverständniserklärungen unterschreiben, Abrechnungsmodalitäten regeln, Versicherungsunterlagen weiterleiten etcetera – das dauert den ganzen Vormittag. Ich habe mittlerweile etwas Routine in diesen Dingen gewonnen und bringe das alles mit stoischer Ruhe hinter mich. Es hilft nichts. Der erste Kaffee in der neuen Cafeteria ist eine echte Abwechslung, aber leider auch nur das erste Mal. Ich weiß, es werden Unzählige folgen, und alle werden gleich langweilig schmecken, und keiner wird die Lebensgeister wecken.

Oben auf der Station treffe ich den Pfleger von heute früh wieder, der sich mir als Chefarzt vorstellt. Nach dieser Szene von heute Morgen hat er mein volles Vertrauen gewonnen, ohne auch nur ein Wort mit mir zu sprechen. Ich bin sehr erleichtert.

Er erzählt mir, dass er Caspar für stark unterernährt hält. Er wiegt 56 Kilo bei einer Größe von 1,88 Metern. Caspars Nahrung wird umgestellt, und er bekommt hochkalorische Flüssigkeit über einen Schlauch durch seine Nase in den Magen gepumpt.

Gesundheit auf Bestellung

Die Eingewöhnung in die neue Umgebung geht schnell, rasch klären sich Gesichter und Hierarchien. Wir finden uns gut zurecht und genießen es, uns wie Menschen und nicht wie Schlümpfe durch die Station zu bewegen, und empfinden eine große Erleichterung, hier angekommen zu sein.

Mit Chiara rückt das Deko-Kommando im Krankenhaus an, und alle angesammelten Schätze werden wieder in Caspars Zimmer ausgebreitet. Die Anzahl der Liebesbeweise und der Kunstwerke steigt ständig, und nun gibt es eine Rangfolge in der Hängung. Die neuesten ganz nah an seinem Bett, die älteren finden ihren Platz an Schrank- und Zimmertüren. Ich kaufe ein paar Margeritentöpfe für den Balkon – und schon sind wir eingezogen.

In den ersten Tagen bittet mich das Stationssekretariat zu einem Gespräch. Ich sitze einer adretten jungen Frau gegenüber, die einen Stapel Fragebögen, wie einen Stenoblock, ordentlich auf ihrem Schoß liegen hat, einen Stift in der Hand, ihre Beine seitlich unter ihren Stuhl geschoben. Als ob sie zum Diktat gebeten worden sei, fragt sie mich, wo wir anfangen wollen. Sie antwortet sich auch gleich selbst und fragt in größter Liebenswürdigkeit, ob es Stufen vor meinem Haus gibt. »Ja«, meine ich und überlege, wohin dieses Gespräch führen soll. »Ungefähr fünf Stufen führen zu unserer Haustüre hoch« – ich habe sie wirklich noch nie gezählt und rate.

»Und in Ihrem Haus, gibt es da Treppen?«

»Ja.«

»In den ersten Stock?«

»Ja, vielleicht so 20 Stufen?«

»Ja, ich verstehe. Dann vereinbaren wir als Therapieziel, dass Ihr Sohn 25 Stufen gehen können sollte. Einverstanden?«

Leider bin ich nicht schlagfertig und so verdutzt, dass ich vergesse, zu berichten, dass es auch noch einen zweiten Stock in unserem Haus gibt, zwanzig Stufen oberhalb des ersten Stockwerks, und dass sich dort Caspars Schlafzimmer befindet.

»Wie möchten Sie es mit den Mahlzeiten halten? Soll Caspar selbstständig essen oder werden Sie ihm das Essen geben?«

Worum geht es hier eigentlich, frage ich mich, und steige aus der Unterhaltung aus. Ich entschuldige mich bei meinem Gegenüber, gebe zu, dass ich keine Ahnung habe, was sie von mir will, und sage, dass ich, im Übrigen, bis hierhin mit nichts einverstanden bin. Dabei haben wir erst zwei Seiten des Fragenkatalogs abgearbeitet.

»Wir vereinbaren Therapieziele! Sie sagen mir, was Ihr Sohn können sollte, und wir arbeiten darauf hin!«

Irgendwie schließt sich hier ein Kreis für mich. Ich denke an die einkaufslistenähnliche Aufzählung von Caspars Verletzungen in den ersten Tagen in Barcelona, und jetzt sitze ich hier und soll eine Bestellung für Caspars Gesundheitsgrad abgeben. Was könnte ich antworten? Vielleicht: etwas Sprache, aber keine Schimpfwörter – Laufen, und Walzer tanzen? Soll ich sagen, es wäre schön, wenn er singen oder Klavier spielen könnte? In meinen Gedanken eröffnen sich ungeahnte Möglichkeiten. So etwas Absurdes habe ich noch nie erlebt, deshalb erkläre ich mich außerstande, auch nur eine einzige Frage zu beantworten. Die adrette Dame mir gegenüber ist etwas unglücklich, weil die Zeit verstreicht und sie keinen ihrer Zettel ausfüllen kann. »Was ist denn Ihr Ziel?«, fragt sie mich zum Schluss.

Ich weiß es sofort und kann es ganz klar benennen: »Mein Ziel ist es, dass wir alle, die wir täglich um Caspar herum sind, wirklich unser Bestes für ihn geben. Wenn wir uns jeden Abend sagen können, dass wir unser Bestes getan haben, dann werden wir sehen, was passiert und wie weit er kommt. Das möchte ich, nicht mehr, aber auch nicht weniger!«

Nachmittags, in seinem Zimmer, treffe ich ihn schlafend oder dösend in seinem Bett an.

Er liegt dort müde von den Therapien. Ich beuge mich über ihn, um seine Wange zu streicheln oder die widerspenstige Locke aus der Stirn zu verbannen. Da greift er mit seiner rechten Hand meine Kette, deren Anhänger im Licht glänzt und schwingt. Es ist eine Geste, wie ich sie ganz deutlich von ihm als Kleinkind in Erinnerung habe. Das faszinierende Blitzen und Glitzern des Kettenanhängers verfolgt er mit den Augen und versucht, den Anhänger mit den Händen zu greifen. Er staunt und betrachtet die Welt, als sehe er sie zum ersten Mal. So kommt es mir vor. Er fühlt und streichelt meinen Schal, zieht ihn mir langsam vom Hals und legt seine Hand und sein Gesicht seitlich darauf. Auch das hat er früher genauso gemacht. *Mist, jetzt bin ich wieder meinen schönsten Seidenschal losgeworden.* Früher hat er sie mir nicht mehr wiedergegeben, sondern als Nuckeltuch mit sich herumgeschleift, bis sie zerliebt waren. So wird es sein. Auf eine Art wiederholt er sein ganzes Werden. Er fängt buchstäblich ganz von vorne an. So als hätte jemand den »Reset-Button« gedrückt.

Das Caspar-Puzzle

Was ich in Barcelona nicht entscheiden konnte, sagt Paul Kalanithi so: »Wie viel neurologisches Leiden will man seinem Kind zumuten, bevor man entscheidet, dass der Tod all dem vorzuziehen ist?«

Wie viele Teile sind ein Ganzes? Caspar liegt wie in viele kleine, ungeordnete Puzzlesteine zerfallen vor uns auf dem Tisch, und wir finden den Anfang nicht. Manche Puzzlesteine lassen sich identifizieren. Sie geben ihren richtigen Platz zu erkennen, wenn nur der Rahmen schon gelegt wäre. Manchmal denke ich, Caspar und ich und wir alle dürfen den Tisch nicht eher verlassen, bis das Puzzle zusammengesetzt ist. Erst dann erkennen wir, welche Teile wir verloren haben. Das Negativ umreißt den Puzzlestein, der fehlt, und wir ersetzen ihn im Herzen. Wie viele Teile sind ein Ganzes? Ich erinnere mich an jenen Abend in Barcelona, als wir im Wartebereich saßen und auf das Ende von

Caspars Operation warteten. Wie schnell akzeptiert man den Verlust von Fähigkeiten und Einschränkungen für jemand anderen. Wie schnell tauscht man die Beweglichkeit eines Armes gegen ein großes übergeordnetes Ziel, gegen den Fakt des Überlebens, ein. Weiß ich, ob er sich tatsächlich damit abgefunden hätte? Wie viele Puzzlesteine seiner Fähigkeiten, seines Charakters, seines Humors, seiner Emotionalität darf ich gegen sein Überleben eintauschen?

Die Entscheidungen sind längst gefallen, jetzt offenbaren sich die Konsequenzen, mit denen wir leben müssen.

Ich weiß, dass ich keine Antwort auf meine Frage finde. Nie gibt es ein Zurück, und daher suche ich mein Heil in der Flucht nach vorne. All meine Unsicherheit, alle Fragen, die Trauer, meinen Schmerz, meine wilde Liebe stecke ich in den Vorsatz: »… es wird sich für Caspar lohnen.«

Erwachen aus einer langen Komaphase ist nicht einfach und ein Prozess, der sich bei Caspar über mehrere Wochen hinzieht. Ich denke mir, dass Caspar ungeheuren Mut fassen muss, um sich langsam der Wirklichkeit zu stellen, die für ihn maximale Hilflosigkeit und Schmerz bedeutet. Es scheint, als käme sein Bewusstsein in Wellen zu ihm zurück. Als würde er kurz auftauchen, den Strand unter den Füßen spüren, um mit der nächsten Welle wieder zurück in die Tiefe zu sinken. Von Tag zu Tag wird er wacher und stabiler, was unsere Gedanken immer mehr zu der Frage bringt, wie es mental um Caspar bestellt ist. Er spricht kleine Dreiwortsätze, um dann wieder stundenlang tief versunken in sich selbst im Bett zu liegen oder abwesend im Rollstuhl zu sitzen. Aber seine Augen wandern mitunter durch das neue Zimmer, ruhen auf uns oder den Therapeuten und Pflegern. Es sind lange, stumme Blicke, die um Erkenntnis und Orientierung ringen.

Wir sind uns unsicher, wie wir Antworten auf unsere Fragen bekommen sollen. Dürfen wir ihn testen? Dürfen wir uns durch gezielte Fragen ein Bild davon machen, was genau in seinem Kopf vor sich geht? Welche Fähigkeiten besitzt er, und welche Fähigkeiten hat er verloren?

Nein, das dürfen wir nicht! Auch wenn unsere Fragen noch so brennend sind. Caspar ist, wie er ist! Und so wie er ist, ist er ein Ganzes, vollkommen und geliebt. Ihm muss nichts hinzugefügt werden! Er wird uns – von sich aus – alles geben und beantworten, was wir wissen möchten. Aber in seinem Tempo und zu dem für ihn richtigen Zeitpunkt. Wir sind seine Familie, wir sind nicht seine Therapeuten. Daher ist die Aufgabenteilung ganz klar. Um die Intensität der Therapien nicht durch unsere Anwesenheit zu stören oder seine Konzentration abzulenken, überlassen wir Caspar ganz seinen Therapeuten. Unsere Aufgabe hier ist es, ihm Ruhe und Zuversicht zu geben und unsere eigene, verdammte Ungeduld an die Kandare zu legen.

Missverständnisse

Therapeuten jeglichen Fachgebietes geben sich bei Caspar die Türklinke in die Hand. Eine Lungentherapie, die er verordnet bekommt, alle vier Stunden Tag und Nacht, bringt ihm spürbare Erleichterung. Er atmet über eine Inhalationspumpe Medikamente ein, die seiner Lunge guttun, und trägt nun permanent einen Sprachaufsatz auf seiner Trachealkanüle. Caspar hatte vorher seine abendliche Verurteilung zur völligen Sprachlosigkeit einfach hingenommen. Für mich wäre es eine furchtbare Vorstellung, wenn mir regelmäßig eine Person zwischen 7 Uhr abends und 7 in der Früh buchstäblich das Wort abschneiden, mir die Stimme aus dem Hals ziehen würde. »Famous last words« jeden Abend. Daher denke ich, dass er ein großes Stück Selbstbestimmtheit zurückgewonnen hat. Sollte er genauso begeistert darüber sein wie ich, gibt er es jedenfalls nicht zu erkennen.

Die Ärzte berichten mir von der morgendlichen Visite um 7.30 Uhr bei ihm und darüber, dass, nach ihrer Auffassung, Caspar leider weder ansprechbar sei noch auf einfache Kommandos reagiere. Auch nicht auf schwache Schmerzreize, denen er ausgesetzt wird, um eine Reaktion zu provozieren. Ich bin darüber nicht überrascht. Wir haben schon einige Male gemerkt, dass Caspar mit uns, aber nicht mit dem Klinikpersonal kommuniziert. Buchstäblich in der Sekunde, da sie den Raum verlassen, regt er sich. Ich erzähle ihnen von Caspars Leben, von seinem Studium und davon, dass in Spanien alles etwas später losgeht. »Er ist Student, er schläft um 7.30 Uhr in der Früh noch. Wäre es möglich, diese Tests eventuell um 17 Uhr zu wiederholen? Um diese Zeit überlegt er sich, welche Freunde er wann und wo für den Abend trifft, und ist daher bestimmt hellwach.« Der Arzt lässt sich darauf ein, und es geschieht, wie ich es vorausgesagt habe. Am späten Nachmittag bewegt Caspar auf Zuruf Hand, Arm und Bein. 7.30 Uhr am Morgen ist einfach nicht seine Zeit!

Die neurologische Frührehabilitationsstation, auf der Caspar liegt, ist für ihre Patienten besonders gestaltet. In jedem Zimmer hängen sehr auffällige Bilder, collagengleiche Fotos aus Landschaften und Städteansichten. Große Motive im Vordergrund, Windmühlen auf Tulpenfeldern, leuchtende, starke Farben und ein kleinteiliger Hintergrund ähnlich einem Suchbild. Caspar wird in den ersten Tagen gefragt, was er auf diesem Bild erkennen kann. Erwartet wird die Antwort: »eine Windmühle« oder »bunte Blumen« oder etwas dergleichen. Das erfahre ich bei einem weiteren Gespräch, das der Stationsarzt mit mir führt. Caspar durchläuft einige solcher Untersuchungen, mit deren Hilfe man festzustellen versucht, wo er steht, wo er durch die Therapie abgeholt werden muss, und daher finde ich es wichtig, seine Antworten genau zu verstehen. Der Stationsarzt meint kurz und bedauernd, dass Caspar nicht adäquat geantwortet habe. Er hat keine der erwarteten Antworten gegeben, nichts über Farben gesagt oder die Tulpenfelder oder die im Vordergrund zu sehende Windmühle beschrieben. Caspar sagte wörtlich: »Ich sehe ein Haus aus dem 17. Jahrhundert.«

Dieses Backsteinhaus im Hintergrund des Bildes war uns allen sofort aufgefallen, denn es sieht zufällig genauso aus wie Caspars Elternhaus, das die Jahreszahl seiner Erbauung, 1756, über seiner Haustüre trägt. Caspars Zustand sei es geschuldet, dass er es ins 17. Jahrhundert verlegt hat.

Caspars Antwort ist somit sehr relevant, und er beschreibt das Wichtigste, das er auf diesem Bild sehen kann, nämlich sein Zuhause, in dem er aufgewachsen ist, in dem er bis heute lebt. Die Ärzte sind erstaunt und sehr verblüfft, als ich ihnen meine Erklärung von Caspars Antwort unterbreite. Sie finden meine Interpretation recht plausibel, und wieder nutze ich die Chance, von Caspar zu erzählen. Seinen Reisen, seiner Liebe zu Büchern, von allem, was ihn ausmacht. Wir sprechen intensiv miteinander, und ich bitte die Ärzte um einen Jour fixe. Tatsächlich vereinbaren wir alle zwei Wochen ein Treffen mit mir und allen behandelnden Ärzten. In den Wochen dazwischen gibt es eine regelmäßige Gesprächsrunde mit allen Therapeuten, die mit Caspar arbeiten. Ich bin sehr dankbar, dass uns diese Möglichkeit eingeräumt wird, und sehe, wie wenig selbstverständlich es ist, obwohl – wie ich später erfahre – dieses »Instrument« der regelmäßigen Gesprächsrunden fest im Rehabilitationsprozess verankert ist. Ich frage mich, *warum* es so wenig selbstverständlich ist, denn weder Ärzte noch Therapeuten noch wir als Angehörige können diesen Caspar-Scherbenhaufen allein wieder zusammensetzen. Wer will, auf welcher Wissensgrundlage, sich die alleinige Deutungshoheit über den Zustand eines Menschen anmaßen? Ich finde das schon bei der alleinigen Entscheidung der Lehrer über die Art der weiterführenden Schule hochproblematisch – um wie viel brisanter ist es hier.

Diese beiden – an sich nicht spektakulären – Begebenheiten zeigen mir, wie schwer es für Dritte ist, einen Patienten richtig einzuschätzen. Natürlich ist jeder Experte auf seinem Fachgebiet, und die Kompetenz ist anzuerkennen. Die Kompetenz der Angehörigen liegt in der tiefen Kenntnis des Charakters und der Emotionalität eines Patienten. Diese Kompetenz gilt es ebenfalls zu würdigen! Ohne uns wäre Caspar in den Augen der Ärzte und Pfleger ein zunächst nicht ansprechbarer, nicht sinngemäß antwortender, verwirrter Patient gewesen, was auch nicht erstaunlich gewesen wäre. Erstaunlich ist, dass es nicht so ist! Ich kann mich aber auch selbst nicht davon freisprechen, eher das Wahrscheinliche für richtig zu halten als das Unwahrscheinliche.

Routine

Dieses Krankenhaus ist das dritte, das wir seit Caspars Unfall von innen sehen, und ich habe die Routine in der Pflege kranker Menschen lieben und hassen gelernt. Nichts geht über eine Pflegekraft, die mit guter Technik schnell und geschickt einen Patienten umlagert, ihm dadurch Schmerzen erspart und Sicherheit gibt. Ich bin jeder Nachtwache unendlich dankbar, die nicht nur die Türe des Zimmers öffnet bei ihrem Rundgang, sondern dies leise tut und an das Krankenbett tritt, einen Moment verweilt, um den Atem zu hören und sich zu vergewissern, dass der Patient gut schläft. Aber die gedankenlose Routine, die aus dem bloßen Abhaken der minimalsten Pflichten besteht, ist zum Fürchten.

Mir fällt auf, dass jemand am späteren Nachmittag in Caspars Zimmer den Fernseher einschaltet. Caspar ist allein in seinem Zimmer, er liegt in seinem Bett und schaut gegen die Decke. Fernsehbilder und Geräusche prasseln auf ihn ein. Er kann dem Programm nicht folgen, ist durch die Geschwindigkeit der visuellen Eindrücke überfordert. Daher schalte ich den Fernseher ab. Am nächsten Tag die gleiche Situation. Als ich bemerke, dass der Fernseher quasi standardmäßig nachmittags eingeschaltet wird, beklebe ich ihn mit einem handgeschriebenen Zettel und schreibe darauf: »Caspar darf nicht fernsehen.« Das trägt mir den Ruf ein, besonders streng zu sein. Keiner denkt außerhalb des Belohnungs- oder Bestrafungsprinzips. Aber der Fernseher bleibt aus, und genau wie früher nutze ich die Abende, um Bücher vorzulesen oder einfach bei ihm zu sitzen, wenn er schläft. Gesellschaft leisten, seine Hand halten, gerade wenn er schläft, seine Bücher vorlesen – mehr braucht er gerade nicht. Ich sage ihm, wie gerne ich Zeit mit ihm verbringe. Dass es keinen Ort gibt, an dem ich jetzt lieber wäre, und das ist gar nicht mal gelogen.

Tief ins Herz habe ich jene beiden Pflegekräfte geschlossen, die sich abends die Zeit nehmen, völlig unroutiniert, um Caspar zu duschen. Er liegt dabei auf einer Trage, die über der Badewanne steht, und wird von Kopf bis Fuß gewaschen. Sie benutzen sein eigenes Duschgel, sein Shampoo, und es ist nicht zu übersehen, wie wohl ihm das tut, und ich finde es wunderbar, ihn so entspannt und herrlich riechend vorzufinden. In diesen Hochgenuss kommt er einmal in der Woche. Eher routiniert geht eine asiatische Pflegekraft mit Caspar um, die ohne Rücksicht auf ihn oder seinen Besuch rhythmisch auf seinen Bauch schlägt und versucht, seine Blase zu entleeren. Meine Schwester und Chiara stehen daneben. »Die Tante ist überinformiert.« So kommentiert Caspar das Geschehen, denn die Pflegekraft ist so raumgreifend und übergriffig, dass neben ihrem »Krankenhaus-Wir« kein Platz für individuelles Schamgefühl ist

Ein andermal wäscht sie Caspar im Bett. Caspar muss diese Prozedur wehrloslos über sich ergehen lassen. Die unpersönliche und entblößende Art drängt ihn in eine Hilflosigkeit, die er nicht in Wort fassen kann. Dann formt er seine Hand zu einer Pistole und bringt damit seinen Unmut in einer Sekunde unmissverständlich zum Ausdruck: »Shoot her already!« – Erschießt sie endlich! Chiara und Line schauen sich erschrocken an und versichern sich, dass die Pflegerin, des Deutschen nicht sehr mächtig, es nicht verstanden hat und ihr Werk unbeeindruckt fortsetzt.

Keine Facette der Pflege geht an mir vorbei. Mit den Ärzten diskutiere ich die Frage und das Problem der Freiheitsberaubung. Wie sprechen über Gitterbett und Handschuhe in der Nacht. Beides sind richtige und Caspar schützende Maßnahmen. Ich bin erleichtert, dass dies eine kurze Episode bleiben wird. Aber nicht kurz genug, um sich nicht gerichtlich damit auseinandersetzen zu müssen. Eines Tages steht ein routinemäßig vom Amtsgericht bestellter Verfahrenspfleger wie aus dem Boden gewachsen in Caspars Zimmer, begutachtet ihn und spricht mit dem Klinikpersonal. Meine Schwester Benedikta läuft bei ihrem Nachmittagsbesuch direkt in ihn hinein. Zwei Welten prallen aufeinander. Beide fordern den jeweils anderen im vollen Brustton der eigenen Überzeugung auf, sofort das Zimmer zu verlassen. Das Argument »Ich bin der gerichtliche Betreuer dieses Patienten« prallt auf die trockene Feststellung: »Und ich bin die Tante!«, was den Herrn vom Amt gehörig ins Straucheln bringt. Ich habe Benedikta um ihre Schlagfertigkeit und innere Autorität immer beneidet. Mit den Worten »Vielen Dank, Sie werden hier nicht gebraucht« entlässt sie ihn, ohne dass er weiteren Schaden nimmt. Auch hier regelt die Vollmacht alles Weitere.

Ausflüge

In der Zeit, die ich zwischen den verschiedenen Besprechungen und dem Ende der Therapiephase von Caspar zu überbrücken habe, laufe ich in die kleine Stadt und verschaffe mir einen Eindruck. Nette Hotels und Cafés, ein Bücherladen, eine Parfümerie wechseln sich mit Blumenrabatten auf den Gehwegen und kunstgeschmückten Kreisverkehr-Inseln ab. Eine kleine blitzblanke Puppenstubenstadt. Ich erforsche die Hotelpreise, ihre Apartment-Angebote für

Dauergäste und vergleiche sie mit den Ferienwohnungen, die privat vermietet werden. Große Ernüchterung stellt sich ein, als ich realisiere, dass die Preise im Ort nicht ebenso liliputartig sind wie der Ort selbst. Ich überlege, eine Ferienwohnung zu mieten oder ein kleines Zimmer in einem Hotel. Einen kurzen Augenblick – bevor ich die Preise hochrechne – spiele ich mit dem Gedanken, dass es praktisch sein könnte, ein Zimmer zu haben für alle, die zu müde sind, eine weitere Strecke zurückzufahren. Aber für solch einen stolzen Preis sich eine Umgebung schaffen, die man tief im Innersten eigentlich nicht will, ist auch absurd!

Zurück im Krankenhaus freue ich mich auf die Stunden mit Caspar. Ich laufe immer den Bogen entlang, an den Krankenzimmern vorbei. Auf unserer Station stehen die Türen der Zimmer offen, und die Patienten sitzen in ihren Rollstühlen, die vor den Zimmern auf dem Flur in der sanft geschwungenen Runde stehen. Das Bild ist in einem eigenen Rhythmus komponiert. Im Fünf-Schritte-Takt läuft man von einem zum nächsten Rollstuhlfahrer. Bin ich an einem von ihnen vorbeigelaufen, sehe ich zwei weitere vor mir. Wann immer ich einen Rollstuhl hinter mir lasse, gibt die Rundung des Ganges die Sicht auf den nächsten frei. Eine schier endlose Reihe Rollstuhlfahrer. Fünf Schritte, eine Tür, ein Rollstuhl, fünf Schritte, eine Tür, ein Rollstuhl. Keiner, an dem ich vorbeigehe, schaut mich an. Ich lächle ins Leere. Dann laufe ich in Caspar rein, der genauso in seinem Rollstuhl vor seiner Zimmertüre sitzt …

Ich packe ihn mir sofort, schiebe ihn in sein Zimmer, auf den Balkon und halte ihm einen langen Vortrag, dass er nicht in diese Riege der Rollstuhlinsassen gehört! Ich verspreche ihm, jeden Tag so rechtzeitig da zu sein, damit ihn niemand auf diesen Gang stellt. Abstellt. Hastig schnappe ich mir meine Jacke und schiebe Caspar das erste Mal in den kleinen runden Klinikgarten. Obwohl es richtig warm ist, friert Caspar, und ich lege ihm meine Jacke um. Der Kopf ist noch zu schwer, um ihn aufrecht zu halten, und die Nahrungssonde hängt aus seiner Nase. Sein Rollstuhl steht vor einer Bank, auf der Chiara sitzt und ihn vor den Blicken der anderen Menschen abschirmt. Er möchte nicht gesehen werden, das macht er uns ganz deutlich.

Caspar hält sich die Hand vor Augen und verlangt einen »Glanzschutz«. Da gibt es kein Missverständnis, er braucht eine Sonnenbrille. Ich zögere etwas, aber dann mache ich ein Bild von Caspar in diesem Garten, in all seiner Verletztheit und Schwäche. Ein einfaches Handyfoto. Heute ist es ein Bild des Jammers. Dort im Garten, in diesem Moment, waren wir glücklich über unseren ersten Ausflug.

Dieser Exkursion folgten viele weitere. Bald kenne ich mich so weit aus, dass ich den Weg zu dem hinteren Parkplatz finde, der von Caspars Balkon aus zu sehen ist. Hinter diesem Parkplatz beginnt ein schmaler geteerter Weg, der sich durch die Felder hin zu einem Waldrand schlängelt. Kaum abschüssig, ideal für einen Spaziergang mit dem Rollstuhl. Die Umgebung zu erkunden, ist jedoch nicht so einfach, wie wir uns das vorstellen. Wir sind ungeübt im Rangieren mit einem Rollstuhl, wir sehen das »Draußen« nicht mit den Augen eines Menschen, der auf eine barrierefreie Umgebung angewiesen ist. Manchmal hilft nur »Augen zu und durch«. Bürgersteige hoch und runter, den Rollstuhl bergauf schieben, bergab festhalten, das genaue Zirkeln durch die Aufzugstüre. Wenn es vorne nicht hineingeht, suchen wir den Weg durch die Hintertüre! Wir lernen und kehren nie unverrichteter Dinge um. Von unschätzbarem Wert ist das anhaltend gute Wetter, das jeden

Tag, auch wenn alle noch so geschafft sind, raus auf den Weg zum Wald und auf eine kleine Parkbank lockt.

Und trotzdem ist manchmal alles zu anstrengend, dann bleibt Caspar nachmittags in seinem Zimmer, dann sitzt er draußen auf dem Balkon, döst in seinem Rollstuhl, während ich mich mit schlechtem Gewissen in sein Bett lege und wie ein Stein schlafe.

Götterdämmerung

Wir sind überglücklich zu erleben, wie Caspar sich jeden Tag ein wenig entwickelt. Vieles ist da, manches findet sich an anderen Plätzen wieder. Sätze wie: »Mami, ich will fünfzehn siebzehn jetzt, Mami, zwölf bitte!« sind schwer zu ertragen, es sei denn, ich flüchte mich in Galgenhumor. Wir nennen es für uns die »Götterdämmerung«. Wenn man nicht viel sprechen kann, muss man eben maximale Klarheit bei minimalem Aufwand erzielen.

Der Ton macht die Musik. Sein Ton ist gewissermaßen tonlos, monoton, aber mit einem Ausrufezeichen in der Stimme. Je weniger Caspar in der Lage ist, auf den Punkt zu kommen, desto besser wird er darin, zu umschreiben. Er spricht von »den Leuten auf dem Korridor«, »dem Personal da draußen« und meint die Pfleger und Schwestern. »Da gibt es was, jeder hat eine Nummer …« Er erinnert sich daran, dass die Menschen miteinander telefonieren. Obwohl er Zahlwörter benutzt, sagen sie ihm nichts. Er gebraucht sie wie Verben oder Nomen, was uns unglücklich und verständnislos zurücklässt. »Mami, ich will zwölf«, sagt er, und wir stehen alle in der Furcht des Herren!

In dieser Sommerhitze ist Caspar augenscheinlich sehr durstig. Eines Tages, als wir einen Ausflug in den Klinikgarten machen, an dem kleinen Teich sitzen und er etwas trinken möchte, bricht sich der Chef in ihm Bahn. Wir dürfen Caspar nichts zu trinken geben. Die Gefahr, sich zu verschlucken, keine Luft zu bekommen, ist bei Trachealkanülenträgern groß. Es ist eine eigene Wissenschaft für sich, zu erproben, ob ein Patient schlucken kann oder nicht. Ich habe mir keine Vorstellung davon gemacht, was für ein unglaublich komplizierter Vorgang das Schlucken ist. Aber in Heidelberg liefen schon die ersten Tests, und dort waren sich alle einig, dass er schlucken kann. Hier im Garten, mit seinem Glanzschutz auf der Nase, fängt Caspar an, zu kommandieren, sehr leise und konspirativ mit seinen Geschwistern, aber bestimmt: »Eine Erfrischung, ich will eine Erfrischung. Mami hat eine Karte zum Bezahlen. Titus, kauf Cocktails kauf Champagner.« Chiara und Titus fragen sich, wer da wohl mit Caspars Stimme zu ihnen spricht und wie das weitergehen soll.

Mittlerweile können sie gut heraushören, übersetzen, was er eigentlich sagen will, und erklären ihm, dass niemand eine Kreditkarte braucht, um in der Cafeteria etwas zu trinken zu kaufen.

»Wasser oder Cola?«, fragen die Geschwister – »Ich will frisches Quellwasser«, erwidert Caspar. Ich habe eine Art Einmachglas mit rot kariertem Blechdeckel und Strohhalm in der Mitte gekauft, daraus lassen sie ihn vorsichtig trinken. Es ist etwas schwierig, unentdeckt zu bleiben, wenn man in der Mitte eines gläsernen Kreises steht, so stehen wir abwechselnd um ihn herum und versuchen ihn, so gut es geht, abzuschirmen. Und Caspar trinkt glücklich!

Zeitlos

Die Tage kommen und gehen, und nach ungefähr zwei Wochen steht fest, dass Caspar das Koma hinter sich gelassen hat. Er nimmt alles wahr, ist wach und baut seine Wahrnehmung in eigene Zusammenhänge ein. Ich bemühe mich, so mit ihm zu sprechen, dass er es verstehen kann, ohne genau zu wissen, was er versteht. Die Therapeuten geben mir den Rat, besonders zuverlässig bezüglich der Zeitenangaben zu sein, wann ich Caspar das nächste Mal besuchen komme. Kein Vielleicht oder Eventuell – präzise Ansagen und deren Einhaltung sind wichtig. So können wir ihm Sicherheit geben. Schnell merken wir, dass er weder mit der Uhrzeit noch mit einem Kalender etwas anfangen kann. Daher sind die markanten Eckpunkte des Tages die Mahlzeiten. »Caspar, ich komme nach dem Mittagessen.«

»Was ist das Mittagessen?«

»Das Mittagessen ist das warme Essen.«

Wir arbeiten uns von innen nach außen. Wie ist der Tag strukturiert, was ist eine Woche, ein Monat? Ein großformatiger Kalender und eine Uhr halten in Caspars Zimmer Einzug. Das Mittagessen – das warme Essen – kommt, wenn die beiden Zeiger oben übereinanderstehen. Gleich danach komme ich zu dir.

Ich versuche, auf die Minute pünktlich zu sein, was mich unter Druck setzt. Ich kann themenbezogen pünktlich sein, bin aber von Natur aus eher unpünktlich, und dazwischen liegen 70 Kilometer auf der A8.

Während dieser Autofahrten laufen mir meine Gedanken davon. Ich führe endlose Monologe über das, was hinter uns liegt, und das, was uns noch bevorsteht. Was haben wir erreicht! Ich hätte in den ersten Tagen in Barcelona nicht zu hoffen gewagt, sechs Wochen später mit Caspar hier in dieser Klinik zu sein. Ich übe mich jeden Tag darin, nicht weiter zu denken oder zu planen, als unser Nachmittagsspaziergang dauert. Und doch treibt es mich weiter in dem Bemühen, Caspar unbedingt und bestmöglich zu unterstützen. Ich vertrete zwei Ansichten, die widersprüchlicher nicht sein könnten. Jeden Tag wiederhole ich mein »Ja« und meine Akzeptanz für und von Caspar. Gleichzeitig kann ich mich nicht zufriedengeben und denke immerzu, dass wir nicht am Ende der Fahnenstange angekommen sind, dass Caspar zu mehr fähig ist. Bin ich gierig? Als ob es nicht genug wäre, was wir zurückbekommen haben. Ich empfinde mich als maßlos oder undankbar und kann doch nicht anders, als auf ein stetiges Mehr an Gesundheit, Bewusstsein und Selbstständigkeit zu hoffen. Nichts ist abzusehen, und das zermürbt. Wir haben keine Wahrscheinlichkeiten, und alles, was an Entwicklung passiert, ist unverhofft.

Ups! Fast wäre ich an der Abfahrt vorbeigefahren. Rechts blinken – ich schlüpfe zwischen den Lastwagen hindurch und nehme die Ausfahrt. Von hier an hinter einem Traktor die letzten sechs Kilometer zügig bis zur Klinik. Manchmal bin ich so in Gedanken vertieft, dass ich mich kaum erinnere, wie ich hierhergefahren bin.

Es ist kalt und regnerisch. Heute werden wir den Nachmittag in der »Besucher-Lounge« des Krankenhauses verbringen. Chiara und ich jonglieren Kaffee und Kuchen aus der Cafeteria hier herauf. Von Kissen und Decken gestützt sitzt Caspar in seinem Rollstuhl. Wir achten darauf, dass er nicht das Gefühl hat, von anderen gesehen zu werden. Es dauert eine Weile, bis wir den optimalen Tisch und die für ihn optimale Position im Raum gefunden haben. Caspar ist ungeduldig und kommandiert: »Keep me empty in this chair«, und noch mal etwas grantiger: »Keep me empty in this chair.« Chiara und ich denken scharf nach, schließlich versteht sie ihn: »Er will die Decken nicht über sich haben. Er schwitzt zu sehr.« Damit trifft sie den Nagel auf den Kopf, Caspar beruhigt sich.

Caspar muss seine Feinmotorik trainieren. Vor ihm stehen zwei Schalen und er soll kleine hölzerne Erbsen von einer in die anderen Schale legen. Doch leider hat ihm zu den hölzernen Erbsen niemand einen gläsernen Turnschuh und eine Prinzessin dazu gegeben, und überhaupt funktioniert das mit dem Erbsenzählen und den gläsernen Schuhen nur bei Frauen! Daher suche ich nach einem passenden Ersatz für die Erbsen und kaufe Lego. Bausteine suchen, finden und aus der Menge herauspicken, Steinchen zusammensetzen und wieder trennen. Zeichnungen anschauen und sie umsetzen, all das trainiert nicht nur die Finger, aber eben auch die Finger. Wie Trophäen reihen sich nach einiger Zeit die Lego-Sportautos, oben auf Caspars Schrank, aneinander. Langsam, aber stetig wächst der Fuhrpark.

Ortswechsel

Seit einer gefühlten Ewigkeit lebe ich aus meiner zufällig gepackten Tasche und habe große Sehnsucht nach meinen eigenen vier Wänden. Wenn ich in den Webernhof, unser Haus in Österreich, übersiedelte, würde die geografische Distanz zwischen Caspar und mir noch ein Stückchen wachsen. Es fühlt sich an wie die Fortsetzung eines stetigen Abnabelungsprozesses, der sich mit jedem Kilometer Distanz zwischen uns vollzieht.

Es ist Mitte Juni, und am Webernhof ist jetzt der schönste Frühsommer. Dort gibt es die Chance auf ein Familienleben abseits des Krankenhauses und einen Alltag. Jacob, der in München seinen Beruf wieder aufgenommen hat, könnte sich bei uns am Wochenende ausruhen. Er trägt eine enorme Doppelbelastung: Gerade hatte er bei einer großen Unternehmensberatung seinen ersten Job angefangen, als Caspars Unfall uns getroffen hat. Jetzt muss er sich unter der Woche in seinem Job beweisen, um dann freitags abends zu Caspar in die Klinik zu fahren.

Jacob ist wie eine Blaupause für alle Krankengymnasten. Sie schauen sich ihn an, um sich einen Eindruck zu verschaffen, wie Caspars Bewegungen einmal waren. Sie studieren seine Art zu laufen, seine Art zu sprechen, seine Sprachmelodie. Sein Gewicht gilt als Zielmarke für Caspar, der immer noch viel zu wenig wiegt. Jacob kann nicht im Schneidersitz sitzen, damit ist das Kapitel für Caspar auch erledigt. Erst nachdem ein Therapeut zu Jacob meint: »Sie haben ja auch keinen dynamischen Gang«, kriegt Jacobs Motivation, als *role model* herzuhalten, einen Dämpfer.

Ähnlich ergeht es Michael. Auf eine Distanz von über 700 Kilometern pendelt er mehrmals im Monat zwischen seinem Betrieb, den Baustellen und Caspar wochenweise hin und her. Doch die Fortschritte, die Caspar macht, geben uns Kraft, sind Ansporn für weitere Anstrengungen und bestätigen unsere Entscheidung, hier in dieser Einrichtung Hilfe zu suchen.

Wir ziehen um. Chiara und ich entscheiden uns noch einmal dafür, die Koffer zu packen und an den Webernhof zu gehen.

»*… Chiara und ich entscheiden uns noch einmal dafür, die Koffer zu packen …*« Sie ist immer da!

Jetzt fällt es mir erst auf. Chiara ist auf dieser ganzen Irrfahrt so bescheiden, andauernd und nah dabei wie sonst niemand. Ohne viele Worte. Ich weiß nicht, ob sie überhaupt eigene Pläne in diesen Wochen hat, da sie nicht darüber spricht. Egal was es gewesen sein mag, sie sagt alles ab und stellt sich Caspar und mir zur Verfügung. Sie tut dies so still und selbstverständlich, dass es mir erst in diesem Moment auffällt. Und auch wenn ihr dies sicher ein tiefes Bedürfniss ist, ist die Tatsache nicht weniger beeindruckend! Ob sie in Barcelona die Computer beherrscht oder sich hier auf Arztgespräche vorbereitet, sie ist eine enorme Stütze, und ich bin glücklich und dankbar, sie bei mir zu haben. Es handelt sich hierbei unbedingt um einen Fall von Lieblingstochter.

Der Webernhof, das ist nach langer Zeit fast wie nach Hause zu kommen. Nein, für mich ist es nach Hause kommen. Morgens früh, auf dem Bänkchen neben der Haustüre sitzend, mit einem Becher Kaffee in der Hand in das Tal zu schauen, die Sonne über die Berggipfel aufsteigen zu sehen, ist Frieden und Ruhe pur für mich. Und es wird lustig! Mit Kraft und guter Laune erscheint Benedikta, meine Schwester aus den Niederlanden. Ohnmächtig hat sie alles, was um uns herum geschah, die letzten Wochen aus der Ferne beobachten müssen. Zu groß war das Risiko, zu uns zu kommen, da ihre eigene Tochter mit einer ansteckenden Krankheit im Bett lag. Ich weiß, wie sie mit uns gelitten hat und noch etwas mehr, da sie alleine weit weg in Den Haag war. Nun ist sie da. Mit Tatkraft, Humor und viel Guacamole im Gepäck bringt sie frischen Wind für uns und Omega-3-Fettsäuren für Caspar mit.

Auf den Fahrten zur Klinik komme ich an verlockenden Blumengeschäften und Gartencentern vorbei und kaufe mit

Wonne Rosen und Lavendel und grabe in meinem Garten. Titus und ich legen gemeinsam ein neues Blumenbeet an. Ich will Leben pflanzen und wachsen sehen. Buchsbäume und kleine rosa Nelken, Lavendel und Rosen, sie alle sollen wachsen und in die Höhe wuchern, Knospen treiben und gleichsam den »Baum ohne Blätter« Knospen treiben lassen, den schwarzen Bleistifthieb mit Blüten überwuchern. Die Wurzeln jeder Pflanze, die ich anschleppe und hier in das Beet setze, sind wie meine eigenen Wurzeln. Ich will hier anwachsen, um nicht haltlos in der halben Welt herumgetrieben zu werden.

Der heiße Draht

Der Morgen gehört mir. Caspar ist mit seinen Therapien beschäftigt, und ich werde jetzt erst gegen 14 Uhr im Krankenhaus erwartet. Ich stehe früh auf, lese und besuche das Bänkchen vor der Haustüre. Ich wache über das neue Beet. Es ist meine Zeit. Da klingelt das Telefon, eine unbekannte Nummer. Ich nehme das Gespräch an und höre die liebste mühevolle, monotone Stimme sagen: »Mami, wann kommst du?«

Caspar hat mich tatsächlich angerufen. *Ich habe einen Termin verpasst und bin zu spät,* denke ich reflexartig. *Caspar wartet auf mich, ich habe ihn verunsichert.* Aber dem ist nicht so. Er kennt meine Mobilnummer auswendig und übt gerade mit seinem Therapeuten telefonieren. Von jetzt an wird er mehrmals täglich anrufen, denn auch der Umgang mit einem Telefon und der Tastatur will gelernt sein. Das Telefon bleibt ständig in meiner Nähe, denn ich möchte keinen seiner Anrufe verpassen – der Ratschlag, zuverlässig zu sein, hat sich in meine Gedanken eingebrannt. Verpasse ich einen Anruf, kann ich ihn nicht zurückrufen, denn Caspar kann nicht allein den Telefonhörer abnehmen.

Gegen 12 Uhr fahre ich los, um bestimmt um 14 Uhr im Krankenhaus zu sein. Jedes Mal, wenn ich komme, erwartet Caspar mich. Immer ist er guter Dinge, und kein einziges Mal habe ich ihn klagen hören. Es muss Momente der Verzweiflung gegeben haben, Schmerzen oder lange wache, einsame Nächte, aber er hat es uns kein einziges Mal gezeigt.

Telefonieren wird fester Bestandteil von Caspars Therapieplan. Auf die Idee, dass auch ein vergeblicher Anruf zur Realität gehört, auch Therapie ist, komme ich nicht. Eine lange Liste mit Telefonnummern hängt über seinem Nachttisch. Wir zeigen Caspar auch sein iPhone. Wir haben es ihm einige Male in die Hand gegeben, aber er war zu schwach, um es zu halten. Er wischt ganz eindeutig mit seinen Fingern über das Display und wartet, ob etwas passiert, ohne sich im Klaren darüber zu sein, was eigentlich passieren soll. Dann wird es ihm zu schwer, und es rutscht ihm aus den Händen.

Selbsterkenntnis

Auf den Wegen durch die Klinik meide ich einen bestimmten Aufzug. Öffnet sich die Aufzugstüre, steht der Passagier unmittelbar einem mannshohen Spiegel gegenüber.

Er nimmt die ganze Breite und Höhe der Aufzugswand ein. Ich weiß nicht, was passiert, wenn Caspar sich unvorbereitet sieht, wenn er mit sich selbst konfrontiert ist. Nie hat er nach sich selbst gefragt. Ich weiß, er möchte nicht von unbekannten Menschen gesehen werden, aber vor seiner Familie, seinen Freunden hat er keinerlei Scheu. Nie hat er nach einem Spiegel gefragt, und da er auch nicht in ein Badezimmer gehen kann, kommt er nicht dazu, in einen Spiegel zu sehen. Einmal hat er mit seinen Geschwistern über künftige Reisen gesprochen und meinte: »Mit meinem Körper komme ich nicht mehr weit.« Ansonsten kommentiert er sich nicht.

Da er nicht von sich spricht, schneide ich das Thema auch nicht an. Ich bin davon überzeugt, dass es sicher besser ist, wenn der Anfang von Caspar kommt. Dann wird der richtige Moment sein, darüber zu reden. Und der Moment kommt. Völlig überraschend. Er möchte, dass ich ihn ins Bad fahre, damit er sich betrachten kann. Um etwas Zeit zu gewinnen – ich bin auf einmal selbst sehr unsicher –, rangiere ich mit dem Rollstuhl mühsamer, als es sein müsste, um die geöffnete Badezimmertüre herum. Ich fahre ihn genau vor den Spiegel und umarme ihn fest von hinten, verschränke meine Arme vorne über seiner Brust. Ich will, wenn er sich und sein Gesicht das erste Mal nach so einer langen Zeit studiert, dass er sieht, wie glücklich ich bin und wie sehr er geliebt wird. Caspar ertastet vorsichtig mit den Fingern seine Schläfe, streicht über die Haarstoppeln, die noch nicht ganz nachgewachsen sind. Er sieht die dünne rote Haut, die wie abgeschmirgelt aussieht. Die Ernährungssonde in der Nase, die Trachealkanüle in der Kehle, die Narben auf der Wange. Dagegen sieht die Narbe auf der Stirn von einer kleinen Schlägerei im Baltikum auf seiner

Motorradtour ganz harmlos aus. Er schaut sich lange an und sagt: »Funktional ist etwas anderes.« Mehr nicht. Das Thema ist vorbei.

Das Geheimnis des Löffels

Kann Caspar schlucken oder kann er es nicht? Dieses Thema wird immer wieder diskutiert, und immer wieder wird es kontrovers diskutiert. Die Verantwortung in der Entscheidung ist enorm groß, im schlimmsten Fall könnte Caspar ersticken. Bei der Entfernung einer Trachealkanüle kann vieles schiefgehen.

Caspar ist ungeduldig und kann das Ding nicht schnell genug loswerden. Ich bin ungeduldig, weil ich ihm jede Erleichterung seiner Situation so sehr wünsche. Test auf Test folgt, es werden Bilder gemacht, der Vorgang des Schluckens wird live über einen Monitor beobachtet. Schließt sich während des Schluckvorgangs, was sich schließen soll, werden Luft- und Speiseröhre nicht verwechselt. Als ob er in seiner Abiturprüfung sitzen würde, drücken wir alle Daumen, dass er die Untersuchungen erfolgreich besteht, dass die Befunde negativ ausfallen. Sie sind es. Am nächsten Tag werden die Kanüle entfernt und das Loch in der Kehle verschlossen. Auch diese Versehrtheit der empfindlichsten Stelle wird eine Verletzung des Unbewussten mit sich bringen.

Kurze Zeit später endet auch die Ernährung durch die Nasensonde, und Caspar darf richtig essen. Für das Mittagessen verlässt er nun auch sein Zimmer. Wir setzen uns in die kleine, allgemeine Essecke der Station. Caspar bekommt eine Suppe. Sein Magen muss sich erst langsam wieder an feste Nahrung gewöhnen. Er kann nicht genug trinken, er trinkt mit Lust und Freude und isst mit Genuss die Suppe. Richtiger ist: Er will mit Genuss die Suppe essen, schafft es aber nicht, den Löffel zum Mund zu führen.

Caspar nimmt den Löffel in die Hand. Er überlegt einen kleinen Augenblick, bevor er ihn in die Suppe taucht. Er schöpft etwas Suppe auf den Löffel und hält inne. Ich merke, dass er nicht weiß, was er tun soll. Plötzlich macht er eine Bewegung, als ob er Sand oder Erde schaufelt, und die Suppe ergießt sich über seinen Handrücken.

Ich tue so, als ob ich es nicht sehe, und weiß nicht, ob ich ihn korrigieren soll. Da macht Caspar einen zweiten Anlauf. Wieder nimmt er etwas Suppe auf den Löffel und wippt vorsichtig mit dem Löffel auf und ab. Die Schaufelbewegung bleibt unvollendet.

Caspar setzt den Löffel wieder ab, schaut mich an und fragt: »Mami, da gibt es ein Geheimnis mit dem Löffel, wie geht das?«

Das ist meine Chance, denke ich, die ich beim Schopf packe. Gute Tischmanieren in zehn Minuten. Ich setze mich neben Caspar und führe seine Hand mit dem Löffel zum Mund. »Du musst gerade sitzen, den ganzen Arm heben und den Kopf oben halten.« Was für eine großartige Möglichkeit, versäumte Erziehungsinhalte nachzuholen.

Die Erkenntnis, dass mein 26 Jahre alter Sohn nicht weiß, wie man mit einem Löffel umgeht, wie sich der Tag oder die Woche gliedert, raubt mir tatsächlich den Atem, denn der Kloß im Hals ist so groß, dass kein Atemzug an ihm vorbeiströmt. Nicht einmal das tiefe Einatmen in den Bauchraum bringt Entspannung. Ich kenne kein Wort, das ausreicht, meine Verzweiflung zu beschreiben. Daher habe ich genau zwei Möglichkeiten. Entweder ich lasse dieses Elend in meinen Gedanken zu, oder ich flüchte mich in eine Portion Ironie und Galgenhumor, um es besser zu ertragen. Ich finde es ganz und gar nicht komisch, zu sehen, wie Caspar versucht, sich zu erinnern, was es mit einem Löffel auf sich hat. Aber ich kann es besser aushalten, ich kann ihm Mut machen, wenn ich es als dumme kleine Chance betrachte, seine Tischmanieren zu optimieren.

Der Welteroberer

Caspar bekommt ein kleines iPad geschenkt. So viel wie möglich soll er auf eine unauffällige Weise über sich erfahren können. Ich möchte ihm ersparen, nach Personen, Orten, nach Selbstverständlichem fragen zu müssen und sich dabei unbehaglich zu fühlen. Wir suchen so viele Bilder wie möglich zusammen und sortieren sie für ihn. Schule, Bundeswehr, zu Hause, Studium, Freunde, seine Lieblingsmusik: Alles wird auf das iPad geladen. Jetzt haben wir die Möglichkeit, mit ihm Bilder anzuschauen und ganz nebenbei Erinnerungen aufzufrischen. Aber Caspar erinnert sich gut. An fast alles. Es gibt minimale Lücken, die er selbst schließen kann, wenn ich ihm von den Begebenheiten oder Personen berichte. Nur seine älteste Cousine hat er mit dem falschen Mann verheiratet. Das lässt sich klären.

Eines Tages kommen Chiara und ich wie immer nachmittags zu Caspar und berichten ihm, dass er heute noch Besuch bekommen wird. Besuche – ich bin kein Besuch, ich bin eher Klinikinventar – sind das absolute Highlight für ihn, und er freut sich sehr. Er möchte nicht in seinem

Zimmer im Bett liegen, wenn seine Großmutter kommt. Wie ein guter Gastgeber will er sie an der Haustüre erwarten. Daher schiebe ich ihn zum Haupteingang des Krankenhauses. Caspar kann sich schlecht im Gebäude orientieren und fragt Chiara und mich, wohin wir ihn fahren. Ich zeige auf ein großes Schild, das von der Decke hängt, und sage ihm, dass dort »Haupteingang« geschrieben steht und wir in die Richtung gehen, die der Pfeil anzeigt. »Und Aufzüge und Stationen«, meint Caspar. Chiara und ich schauen uns an und verstehen nicht, was er meint. »Und Aufzüge und Stationen«, wiederholt er. Da schaue ich noch einmal auf das Schild mit dem Wort »Haupteingang« und sehe, dass das Wort unterstrichen ist. Die Wörter »Aufzüge« und »Stationen« stehen unter dem Strich geschrieben. Chiara und ich halten die Luft an. Hinter Caspars Rollstuhl feixen wir lautlos, klatschen uns in die Hände, und unsere Lippen formen gleichzeitig stumm: »Caspar kann lesen!« Wir können es nicht fassen. Caspar kann wirklich lesen. Ich platze vor Glück und denke, wer lesen kann, dem gehört die Welt. Wer lesen kann, kann kochen, kann alles lernen. Wer lesen kann, ist in der Lage, ein selbstbestimmtes, unabhängiges Leben zu führen. Ich habe ihm nicht zu viel versprochen. Caspar kann sich wirklich seine Welt – sein Leben – zurückerobern.

Das Comeback

Caspars Tagesplan ist auf ein enormes Maß angewachsen. Fast jeden Tag hat er von 8 Uhr in der Früh bis nachmittags um 16 Uhr Therapie. Kognitives Training,

Ergo- und Physiotherapie wechseln sich mehrmals täglich ab. Es gibt nichts, was nicht geübt wird. Er erobert sich schnell einen besonderen Platz in den Herzen seiner Therapeuten, vielleicht weil er so jung ist, sicher weil er so motiviert ist. Sein ganzer Körper, die Muskeln und Bänder werden durch Massagen gelockert und gedehnt. Jede Bewegung wird trainiert. Aufstehen, stehen, aus eigener Kraft sitzen, Links-rechts-Koordination und laufen. Aber laufen ist das ganz große Ziel.

Diesmal bin ich nicht bei seinen ersten Schritten mit dabei, sehe aber nachmittags an seiner Erschöpfung, wie hart er trainiert hat. Er hat eine besondere Motivation.

Die Hochzeit eines seiner besten Freunde steht vor der Tür, und Caspar setzt alles daran, dabei zu sein. Nein, er möchte nicht einfach nur dabei sein, er möchte allein ohne Rollstuhl in die Kirche laufen. Die Brüche schmerzen bei jedem Schritt, auch die eingesetzten Marknägel – Caspar nennt sie »Freunde auf Zeit« – führen keine friedliche Koexistenz mit ihm, sondern bereiten Caspar bei jedem Schritt Qualen. Aber er schwört alle Therapeuten in seinem Umfeld auf dieses Ziel ein. Keiner redet es ihm aus, alle greifen den Ball auf und arbeiten mit ihm.

Wir überlegen, was wir alles organisieren müssen, damit für Caspar die Teilnahme an der Hochzeit möglich wird. Wie groß ist die Distanz zum Ort des Geschehens? Wer begleitet ihn? Die Frage, woher die passende Kleidung für diesen Anlass kommen soll, ist genauso wichtig wie die Frage, in welches Auto ein zusammengeklappter Rollstuhl passt.

Ich hätte es mir denken können: Jacob macht es möglich. Es wird das erste Caspar-&-Jacob-Husarenstückchen sein, das die beiden nach dem Unfall abliefern, und deshalb ist es so wichtig! Jacob bringt seinen schönsten Anzug, Hemd und Weste mit ins Krankenhaus. Er zieht Caspar an, bindet seine Krawatte und staffiert ihn noch mit Manschettenknöpfen auf das Beste aus. Jacob ist mit seinem alten Cabrio gekommen, es ist wunderbares Wetter. Wir schieben Caspar durch die Station, und ein Therapeut, der ihn im Vorbeifahren entdeckt, wünscht ihm viel Erfolg für seinen Auftritt. Auf dem Parkplatz, neben dem Auto, steigt Caspar vorsichtig aus dem Rollstuhl aus und auf der Beifahrerseite des Autos ein. Dort sitzt er so strahlend und stolz, als hätte es nie einen Unfall gegeben. Jacob klappt den Rollstuhl zusammen und hievt ihn auf die Rückbank. Er fährt los und dreht eine Ehrenrunde auf dem Parkplatz.

Es ist eine unbeschreibliche Freude, beide so zusammen zu sehen. Da ist es wieder, das Duo, das »Heb-mich-zieh-Dich«-Prinzip. Die beiden, die immer ihre eigene Geschichte haben müssen. Von vorne sehe ich sie mit einem breiten Grinsen und Sonnenbrille im Gesicht, wie immer eine gewisse Coolness verbreitend. Von hinten sieht man den halben Rollstuhl über das Heck ragen. Er könnte nicht unwichtiger sein und schmälert die Lässigkeit der beiden in keinem Fall.

Jacob tut alles, um Caspar zu seinem Comeback zu verhelfen. Indirekt hält er nach wie vor seine Hände über seinen Bruder.

Caspar kennt einen großen Teil der Hochzeitsgesellschaft, ehemalige Kommilitonen und ihre Familien. Viele haben ihn besucht, alle haben sie Anteil genommen an seinem Weg. Es war bis zur letzten Minute nicht sicher, ob Caspar in der Lage wäre, an dieser Feier teilzunehmen. Nur auf die Hoffnung hin, dass es möglich sein könnte, haben die Brautleute einen Platz für die Zwillinge in der Kirche hergerichtet. Alles wurde für ihr Kommen vorbereitet, und später erfahre ich, dass viele Taschentücher gezückt wurden, als Caspar allein, gestützt auf einen Stock, in die Kirche gegangen ist.

Caspars Geschichte

Die Wochen und Monate, die darauf folgen, sind kaum etwas anderes als hartes Training. Tägliche Fahrten von 80 Kilometern zu Caspar ins Krankenhaus und wieder zurück. Er lässt nicht nach in seiner Motivation und in seinem Ehrgeiz und macht es damit auch uns leicht, nicht in unseren Anstrengungen nachzulassen. Und erst im Nachhinein sehe ich, wie leicht Caspar es uns gemacht hat, ihn zu begleiten. Aber die Geschichte seiner Rehabilitation, seiner Entschlossenheit, sich nicht aus seinem Leben herauskegeln zu lassen, sein Kampf um all die Fähigkeiten, die uns so selbstverständlich sind, dass wir darüber nicht nachdenken, diese Geschichte erzählt Caspar besser, als ich es kann.

Ich habe oft gehört: »Du Arme, wie hältst du das alles aus?«, und immer habe ich geantwortet, dass ich nirgendwo lieber wäre als bei Caspar im Krankenhaus. Und das stimmt vom ersten bis zum letzten Tag.

Am 30. September verlässt Caspar die Klinik. Er läuft aus dem Krankenhaus. Vor der Eingangstüre nimmt er seine Tasche in die Hand. Er geht die Treppe hinunter, trägt die Tasche und macht sich auf in sein zweites Leben.

Jenseits der Geschichte

Jetzt, da ich diese Seiten schreibe, ist Caspar zurück in Barcelona. Er ist wieder an der ESADE, absolviert dort die letzten Monate seines Studiums und schreibt seine Masterthese. Gestern war der 8. Mai – Caspars Unfall und diese Wochen in Barcelona begleiten uns seit genau zwei Jahren.

Wir haben uns alle verändert. Keiner von uns ist aus Barcelona als der Mensch zurückgekommen, als der er aufgebrochen ist. »Ich komme nicht mehr rein, ich habe das Gefühl, daneben zu stehen«, beschreibt Titus seine Rückkehr in das Studentenleben. So in dieser Art trifft dieses Gefühl auf uns alle zu. Ich merke dies an so kleinen Dingen wie dem Klingelton meines Mobiltelefons – ich kann ihn nicht mehr ertragen. Wann immer ich ihn höre, rast das Adrenalin. Ich tausche ihn nach einigen Wochen aus. Mein Telefon bleibt nachts angeschaltet neben meinem Bett.

Die gemachten Erfahrungen unterscheiden Caspar, Jacob, Chiara und Titus von vielen ihrer Freunde und Altersgenossen. Sie können oft den »Aufreger« des Tages nicht mehr teilen. Sie werten Erlebtes anders und ordnen es anders ein. Sie haben sich verändert, und dadurch greift das Räderwerk ihres Alltags nicht mehr so ohne Weiteres ineinander. Wir kämpfen auch heute noch. Caspars Unfall lässt sich nicht wie Straßenstaub aus den Kleidern schütteln.

Wir ringen um die Fragen von Eigenverantwortung versus Fürsorge, Verlustängsten und dem Bedürfnis nach Nähe. All diese Dinge sind bei uns allen unterschiedlich ausgeprägt, und wir kämpfen um das richtige Maß. Jeden Tag. Bei dem Versuch, Caspar nicht zu unterschätzen, ihn aber auch nicht zu überschätzen, ringen wir um Balance und sehen oft den Wald vor Bäumen nicht. Manchen Misston versuche ich aufzufangen, indem Caspar und ich uns zugestehen, Neulinge auf diesem Terrain zu sein, wir machen es alle zum ersten Mal. Doch solange wir die Zäsur zwischen einem Davor und einem Danach in uns fühlen, solange sind wir nicht am Ziel.

Ich bin von vielen Freunden und Verwandten, auch von manchem Arzt, darauf angesprochen worden, welches Fazit ich aus unseren Erfahrungen, aus unserer Geschichte, die einen so überaus glücklichen Verlauf genommen hat – zu Ende ist sie nicht – ziehe. Und es gibt tatsächlich einige grundlegende Gedanken, die ich hier am Ende dieses Buches doch noch einmal ganz deutlich hervorheben möchte.

Dieses Buch ist ein glühender Appell an alle Ärzte. Sie mögen die Familien ihrer Patienten ernst nehmen. Dieses Buch ist eine inständige Bitte an Ärzte, Therapeuten und Pfleger, sich bereit zu erklären, ein Team mit den Angehörigen zu bilden. Warum stehen wir nicht gemeinsam rund um das Bett des Patienten? Wir Angehörigen vertrauen dem Krankenhaus unser Liebstes an! Vertrauen Sie umgekehrt auch uns, den Freunden und Familien der Patienten! Wir sind in der Lage, durch unser Wissen über und unsere Erfahrung mit unseren Kindern und Angehörigen, Ärzten wichtige Details und Interpretationshilfen zu geben. Erst und nur dadurch können Patienten individuell und ganzheitlich erfasst werden. Erkennen wir gegenseitig unsere Kompetenzen an! Ohne die moderne Intensivmedizin und engagierte Mediziner hätte Caspar seinen Unfall nicht überlebt. Ohne seine Familie aber wahrscheinlich auch nicht. Im Idealfall sollten Ärzte, Therapeuten und Angehörige ein Team bilden, das den Patienten in seine Mitte stellt. Angehörige sind nützlich, kenntnisreich und können entlasten!

Und noch ein zweiter Aspekt kann nicht dick genug unterstrichen werden: So sehr Eltern der Überzeugung sind, dass Eltern immer Eltern bleiben und Kinder immer Kinder, so wenig findet diese Meinung ihre Entsprechung in unserer heutigen Gesetzgebung. Kinder sind ab dem 18. Geburtstag volljährig, mit allen Konsequenzen. Eltern verlieren mit diesem Tag das Recht der Vertretung ihrer Kinder! Kann sich ein erwachsener Mensch nicht selbst äußern, ist es egal, wie alt dieser Mensch ist, die gesetzlichen Mechanismen greifen. Eltern genießen erst einmal vor dem Gesetz keinen Vertrauensbonus.

Auch für Familien gilt: Wenn es ein vertrauensvolles, gutes Verhältnis zwischen Kindern und Eltern gibt, sodass im Krankheitsfall der eine anstelle des anderen handeln darf, dann hätten diese Menschen sich gegenseitig bevollmächtigt. Egal ob es Eltern und Kinder, Ehepaare oder Freunde sind. Mit dieser Sichtweise stehen alle Ärzte auf der juristisch sicheren Seite.

Keine Vollmacht – keine Handlungsfähigkeit! So einfach ist das!

Es ist unumgänglich, dass ein volljähriges Kind schriftlich niederlegen muss, wer anstelle seiner selbst – im Falle eines Falles – handeln darf. Wenn dies ein oder beide Elternteile sind, ist das der größte Ausdruck von Vertrauen, den ein Mensch geben kann. Je weiter die Vertretungsvollmacht reicht, desto besser, aber sie sollte zumindest alle medizinisch-gesundheitlichen Aspekte abdecken.

Patientenverfügung und Vollmachten, die zu einer wirtschaftlichen und juristischen Vertretung eines Angehörigen ermächtigen, sind zwischen Eltern und Kindern genauso wichtig wie umgekehrt. Im übrigen haben auch Ehepaare kein automatisches, gegenseitiges Vertretungsrecht. Das Paradebeispiel, an das wir aus der Sandwich-Generation denken, sind immer die alt gewordenen Eltern. Wir wollen und können uns nicht vorstellen, dass auch unsere eigenen Kinder als junge Erwachsene in diese maximale Hilflosigkeit geraten. Das ist fatal.

Ausführliche Informationen über Vorsorgevollmacht und Patientenverfügung sind auf meiner Homepage www.hoensbroech.com nachzulesen. Beispiele der verschiedenen Vollmachten kann man sich dort kostenlos herunterladen und am besten gleich unterschreiben. Jeder, der möchte, kann somit innerhalb kürzester Zeit eine relative Sicherheit für sich und seine mit gepackten Koffern an der Haustüre stehenden Kinder schaffen.

Die Erteilung einer Vollmacht, dieser Akt des Vertrauens, sollte eigentlich keine Einbahnstraße sein. Wenn Kinder ihre Eltern bevollmächtigen, könnten genausogut Eltern ihren erwachsenen Kindern eine Vollmacht aussprechen. So gesehen ist dieser Akt die höchste positive Anerkennung der Eltern-Kind-Eltern-Beziehung, Ausdruck von tiefer Liebe und Vertrauen.

Dieses Buch ist auch aus dem Bedürfnis heraus entstanden, Caspar zu berichten, was in der Zeit, an die er selbst keine Erinnerung hat, mit ihm und uns geschah. Er selbst bat mich darum, meine Sicht auf diese Zeit aufzuschreiben. Mir fiel auf, wie unterschiedlich unsere Perspektiven sind. Unsere Angst, die wir um ihn ausgestanden haben, ist für ihn kaum nachvollziehbar. Der schmale Grat zwischen Leben und Tod, auf dem er sich befunden hatte, ist für ihn reine Theorie. »Ich war ja nicht dabei!«, ist sein Einwand hierzu.

Ich wünsche mir, dass Caspar durch diesen Bericht unsere Erlebnisse teilen kann.

Auch möchte ich selbst keine weißen Flecke auf meiner inneren Landkarte haben. Ich möchte weder Orte noch Menschen noch Wörter meiden. Nichts Unsagbares soll entstehen. Ich konfrontiere mich absichtlich mit den Orten und Menschen, die in dieser Zeit eine Rolle gespielt haben. Caspar und ich standen beide gemeinsam am Straßenrand, genau an der Stelle, wo der Unfall vor zwei Jahren geschah. Wir zeigen uns die Wohnungen, in denen wir waren, und gehen in die Krankenhäuser und zu den Ärzten, um ihnen unsere Geschichte, Caspars Geschichte, zu Ende zu erzählen.

Es war und ist mir besonders wichtig, meinen Kindern, aber auch mir selbst zu helfen, einen warmen, dankbaren Blick auf Barcelona und die Zeit, die wir dort verbrachten, zurückzuwerfen. Es sind keine schweren Wochen des Unglücks und der Verzweiflung, über die wir nicht mehr sprechen. Nein, es sind Wochen, in denen wir besonders viel Liebe und Freundschaft und Gottes Führung erfahren haben. Wir sollten dankbar auf diese Zeit zurückschauen!

Ich habe immer wieder über die Ärzte auf den verschiedensten Intensivstationen nachgedacht. Diese Verantwortung jeden Tag zu tragen, erscheint mir unfassbar. Es hat mich zutiefst berührt, wie dankbar die Unfallchirurgen uns gegenüber waren, als wir, mit einem sichtlich erholten Caspar, wieder vor ihnen standen. Dabei wollten wir uns bei *ihnen* bedanken! Mein tiefer Dank gilt allen Ärzten und Therapeuten, die Caspar gerettet und ihn in sein Leben zurückgeführt haben. Immer wieder haben wir gehört, dass besonders die Unfallchirurgen auf den Intensivstationen nicht wissen, wie sich die Krankheitsverläufe entwickeln. In Barcelona standen wir vor der UCI, als Lucas, der Hai, den Gang entlanglief und abrupt vor uns stehen blieb. Er erkannte Caspar sofort als einen der deutschen Zwillinge und fragte: »Sind Sie es oder sind Sie Ihr Bruder?« Wir lagen uns weinend in den Armen. Eine junge Ärztin kam kurz aus dem OP gelaufen, um Caspar zu sehen. Sie meinten, dass es höchste Motivation und Bestätigung und Ansporn für ihre weitere Arbeit sei, Caspar aufrecht und fröhlich vor sich stehen zu sehen.

Wir haben gelernt, wie wichtig es ist, Geschichten zu Ende zu erzählen, um anderen Mut zu machen, sich beharrlich gegen eine scheinbar unabwendbare Vorhersage zu stellen, nicht nachzulassen in den eigenen Bemühungen und im Vertrauen darauf, dass Gott uns führt.

Ich danke von Herzen allen Menschen, die uns tatkräftig geholfen und im Gebet begleitet haben. Ich möchte euch sagen, dass wir, durch eure Unterstützung, im besten Sinne des Wortes widerständig bleiben.

Danksagung

Für dieses Buch brauchte es noch etwas mehr als unser Erleben und mein Schreiben.

Ellen, vielen Dank für Deinen literarischen Sachverstand und Rat, der mir stets sehr wertvoll ist.

Birgitt, Vile: Danke an meine geduldigen Testleserinnen.

Dodi, du warst eine große Mutmacherin schon bei den ersten Schritten auf dem Weg vom Manuskript zum Buch.

Frau Veronika Roman, Lektorat Köln, danke ich für ihr

sensibles, feinfühliges Arbeiten mit mir und mit meinem Text.

Dem Verlag Herder, stellvertretend Herr Tino Heeg, Frau Egger, Herr Biallowons, danke ich dafür, dass sich der Verlag auf dieses Buch eingelassen hat.

Chiara, danke für das schönste Buchcover, das ich mir wünschen kann.

Michael, Caspar, Jacob, Chiara und Titus, ohne euch wäre das hier ein Haufen leerer Blätter. Euch danke ich besonders dafür, dass ihr dieses Buch so unterstützt und mitgetragen habt.

www.hoensbroech.com
Vollmachten zum Downloaden

Abbildungsnachweis

Alle Abbildungen © privat
Foto S. 27: Adam Peter Graf Schall-Riaucour
Foto S. 141: Max Graf Oppersdorff